L'Allemand

pour  ger

ULYSSE

Le plaisir de **mieux voyager**

Recherche et rédaction
Nikola von Merveldt

Directeur de collection
Daniel Desjardins

Mise en page/ infographie
André Duchesne

Correcteurs
Pierre Daveluy
Louis Bouchard

Éditrice
Isabelle Mesnard

Photographie Page couverture
Corbis

NOS DISTRIBUTEURS

Canada : Guides de voyage Ulysse, 4176, rue St-Denis, Montréal (Québec) H2W 2M5, ☎(514) 843-9882, poste 2232, ☎1-800-748-9171, fax : (514) 843-9448, www.guidesulysse.com, info@ulysse.ca

États-Unis : Distribooks, 8120 N. Ridgeway, Skokie, IL 60076-2911, ☎(847) 676-1596, fax : (847) 676-1195

Belgique : Presses de Belgique, 117, boulevard de l'Europe,1301 Wavre, ☎(010) 42 03 30, fax : (010) 42 03 52

France : Vivendi, 3, allée de la Seine, 94854 Ivry-sur-Seine Cedex, ☎01 49 59 10 10, fax : 01 49 59 10 72

Suisse : Havas Services Suisse, ☎(26) 460 80 60, fax : (26) 460 80 68

Pour tout autre pays, contactez les Guides de voyage Ulysse (Montréal).

Données de catalogage avant publication (Canada) (voir p 6).

© Guides de voyage Ulysse inc.
Tous droits réservés
Bibliothèque nationale du Québec
Dépôt légal - Deuxième trimestre 2003
ISBN 2-89464-681-X

Imprimé au Canada

TABLE DES MATIÈRES

Les Guides de voyage Ulysse reconnaissent l'aide financière du gouvernement du Canada par l'entremise du Programme d'aide au développement de l'industrie de l'édition (PADIÉ) pour ses activités d'édition.

Les Guides de voyage Ulysse tiennent également à remercier le gouvernement du Québec – Programme de crédit d'impôt pour l'édition de livres – Gestion SODEC.

Catalogage avant publication de la Bibliothèque nationale du Canada

Vedette principale au titre:

  L'allemand pour mieux voyager

  (Guide de conversation pour le voyage)
  Comprend des index.
  Pour les voyageurs francophones.
  Textes en français et en allemand.

  ISBN 2-89464-681-X

  1. Allemand (Langue) - Vocabulaire et manuels de conversation français.
  I. Collection.

PF3121.A44 2003   438.3'441   C2003-940016-6

INTRODUCTION

L'ALLEMAND

Avec quelques notions d'allemand, vous pourrez mieux voyager non seulement en Allemagne mais aussi en Autriche et dans certaines parties de la Suisse (vous en apprécierez la couleur locale). Quoique les différences régionales soient assez importantes (surtout les dialectes bavarois au sud du Danube, les dialectes autrichiens et suisses-allemands), le *Hochdeutsch* (l'allemand standard) est la langue officielle de communication et sera compris dans toutes ces régions.

Si la grammaire est un vrai défi pour le simple touriste, la prononciation est d'autant plus simple: l'allemand s'écrit phonétiquement, c'est-à-dire que – contrairement au français – on prononce toutes les lettres des mots.

Notez surtout que toutes les lettres à la fin des mots sont prononcées: il n'y a pas de nasalisation (/in/, /ant/, /ent/, /on/, etc.) ni de /e/ muet en allemand. Les /n/ et les /t/ sont prononcés distinctement, tandis que le /e/ final se prononce comme le /e/ dans l'article français **le**: *heute* [hoïte'] **aujourd'hui** ou *Krise* [krîze'] **crise**. Comme rappel, nous indiquerons la prononciation des lettres finales par une apostrophe dans la transcription phonétique.

Voyelles

L'allemand fait une distinction importante entre les **voyelles brèves** et les **voyelles longues** (le français n'a retenu cette distinction que dans quelques cas, comme dans **patte** - **pâte**).

Voyelles brèves

Mot allemand		Voisin français
Katze [katse'] **chat**		p**a**tte
Bett [bèt'] **lit**		r**e**ste
Zimmer [tsimer'] **chambre**		v**i**lle
Schloss [chloss] **château**		gr**o**tte
Junge [youngue'] **garçon**		gr**ou**pe

Voyelles longues

Mot allemand		Voisin français
Tag [tâk'] **jour**		p**â**te
sehr [zér'] **beaucoup**		caf**é**
Bier [bîr'] **bière**		**î**le
Boot [bôt'] **bateau**		p**ô**le
Buch [boûh] **livre**		t**ou**r

(Le /h/ après une voyelle, le /e/ après le /i/ ainsi que le dédoublement d'une voyelle ne se prononcent pas, mais servent à prolonger le son de la voyelle précédente.)

Cette distinction s'applique également aux **voyelles infléchies** (/ä/, /ö/, /ü/) – les *Umlaute* – qui correspondent à des phonèmes français mais ont leur propre graphie en allemand:

Voyelles infléchies brèves - *kurze Umlaute*

Mot allemand		Équivalent sonore français
Wälder [vèlder']	**forêts**	selle
können [kœnnen']	**pouvoir**	œuf
Hütte [hutte']	**cabane**	puce

Voyelles infléchies longues - *lange Umlaute*

Mot allemand		Équivalent sonore français
Mädchen [mêd-<u>hen</u>']	**fille**	fête
Löwe [leuve']	**lion**	pneu
Tür [tûr']	**porte**	Muses

Finalement, il y a trois **diphtongues** (avec plusieurs graphies) qui se prononcent d'une seule émission de voix:

Graphie	Mot allemand		Équivalent sonore français
/ei/, /ai/, /ey/, /ay/	*Reise* [raïze']	**voyage**	paille
/au/	*Baum* [baoum]	**arbre**	caoutchouc
/eu/, /äu/	*heute* [hoïte']	**aujourd'hui**	œil

Consonnes

/ch/	Correspond à deux phonèmes particuliers à l'allemand:

ch guttural: après *a*, *o*, *u* et *au*, il se prononce avec un raclement de gorge qui ressemble à un /r/ provenant du fond de la gorge (similaire au son français /cr/ dans simula**cr**e): *Bach* [ba**rh**] **ruisseau**, *noch* [no**rh**] **encore**.

ch doux: après *ä*, *ö*, *ü*, *äu*, *i*, *e* et *ei* ou après une consonne, il ressemble à un /y/ ou à un /ll/ français (comme dans **payer** ou **meilleur**) fortement aspiré: *ich* [i**h**] **je**, *Kirche* [kir**he**'] **église**.

/chs/	Se prononce **ks**: *Fuchs* [fouks] **renard**, *Wachs* [vaks] **cire**.
/ck/	Équivaut à un double **k** qui raccourcit la voyelle précédente: *Frühstück* [frû-chtuk'] **petit déjeuner**, *schicken* [chikken'] **envoyer**.
/g/	Reste toujours dur: *gern* [guèrn'] **avec plaisir/bien**, *gehen* [guéhen'] **aller**. Notez que le *d* et le *g* se prononcent **t** et **k** à la fin d'un mot: *Bad* [bât'] **bain**, *Tag* [tâk] **jour**.
/h/	Se prononce avec une forte expiration: *Hochzeit* [ho**rh**-tsaït'] **mariage**.
/j/	Se prononce comme /y/ : *Ja* [yâ] **oui**.
/ng/, /nk/	Sont nasalisés et ne présentent qu'un seul son – comme **ping-pong** en français ou **pink** en anglais: *Hunger* [hounguer'] **faim**, *Danke* [danke'] **merci**.
/s/	*S* initial ou entre deux voyelles se prononce comme le **z** français: *Sehenswürdigkeit* [zéhens-vurdih-kaït] **attraction touristique**, *Rose* [rôze'] **rose**.
	S final est dur, comme dans **autobus**: *Haus* [haous] **maison**.
/sch/	Se prononce comme le **ch** dans **chat** : *Schlüssel* [chlussel'] **clé**.

/ß/	Graphie propre à l'allemand qui équivaut à un double s (il s'appelle «s strident» ou «sz»). Après la récente réforme d'orthographe (1996), il n'est employé qu'après une voyelle longue et une diphtongue: *Straße* [chtrâsse'] **rue**, *ich heiße* [iẖ haïsse'] **je m'appelle**, mais *Kuss* [kouss] **(baiser)**.
/qu/	Se prononce **kv**: *Quark* [kvark] **«sorte de fromage blanc»**.
/sp/, /st/	À l'initiale d'un mot se prononce comme **chp** et **cht** respectivement: *Spaziergang* [chpatsîr-gang'] **randonnée**, *Stadt* [chtat'] **ville**. Ailleurs on prononce **sp** ou **st**: *Wespe* [vèspe'] **guêpe**, *Liste* [liste'] **liste**.
/u/	Se prononce toujours comme **ou**: *Flughafen* [floûk-hâfen'] **aéroport**.
/v/	Se prononce comme **f**: *Vater* [fâter'] **père**.
/w/	Se prononce comme **v**: *Wo?* [vô] **où**.
/z/, /tz/	Se prononce **ts**, comme dans **tsar**: *Zeitung* [tsaïtoung'] **journal**, *Platz* [plats] **place**.

Toutes les autres lettres se prononcent comme en français.

TRANSCRIPTION PHONÉTIQUE

Dans ce guide de conversation vous trouverez les mots répartis en trois colonnes, ou sur trois lignes, et ce, dans chacune des sections.

La **première colonne** donne généralement le mot en français.

Vis-à-vis, dans la **deuxième colonne**, vous trouverez sa traduction allemande.

Finalement, la **troisième colonne** vous indiquera, grâce à une transcription phonétique, comment prononcer ce mot. Cette phonétique a été élaborée spécialement pour les francophones et se veut le plus simple possible.

Vous remarquerez aussi que les phrases suggérées, en plus d'être traduites en allemand, sont aussi suivies de la transcription phonétique pour vous aider à les prononcer. Vous trouverez ci-dessous une explication de cette **phonétique**. Retenez que chaque signe se prononce comme en français. Par exemple, le signe *p* dans la phonétique se prononce comme le *p* français et réfère à la lettre *p* en allemand. Le *œ* n'existe pas dans l'alphabet allemand, mais on l'a utilisé pour faciliter la prononciation dans la phonétique. Le signe *è* se prononce comme le *è* français, mais peut avoir été utilisé pour indiquer la prononciation du *ä* ou du *e* allemand. Aussi, nous avons utilisé des accents dans la transcription phonétique de quelques mots (l'accent circonflexe pour rallonger les voyelles, le tréma pour marquer la prononciation du ï, et des accents graves et aigus pour l'ouverture ou la fermeture des voyelles) bien qu'ils n'existent pas en allemand.

Phonème	Transcription phonétique	Exemple	
a	a	*hat*	[hat']
	â	*Tag*	[tâk]
ä	è	*Bär*	[bêr]
au	**ao**	*Auto*	[aoutô]
b	b	*haben*	[**hâ**ben']
ch	**rh**	*Bach*	[ba**rh**]
	h	*wichtig*	[**vih**tik]
ck	k	*dick*	[dikk]
d	d	*dürfen*	[**dur**fen']
e	é	*Leben*	[**lé**ben']
	è	*Wetter*	[**vè**ttèr']
	e	*Bote*	[**bô**te']
ei, ey, ay	**aï**	*Reise*	[**raï**ze']
eu, äu	**oï**	*treu*	[troï]
f	f	*falsch*	[falch]
g	g	*Garten*	[**gar**ten']
	k	*wenig*	[**vé**ni**h**]
h	h	*Held*	[hèlt']
i	i	*bist*	[bist]
	î	*viel*	[fîl]
j	y	*jemand*	[**yé**mant']
k	k	*Küche*	[**ku**he']
l	l	*Liebe*	[**lî**be']
m	m	*Markt*	[markt]
n	n	*Nacht*	[na**rh**t]
ng	**ng**	*Gesang*	[gué**zang'**]
nk	**nk**	*krank*	[krank]

o	o	*oft*	[oft]
	ô	*oben*	[ôben']
ö	eu	*schön*	[cheun']
	œ	*können*	[**kœ**nnen']
p	p	*Park*	[park]
qu	kv	*quer*	[kvér']
r	r	*richtig*	[**rih**tik]
s	s	*sieben*	[sîben']
ß	ss	*Straße*	[**chtrâ**sse']
t	t	*Termin*	[tèr**mîn'**]
u	ou	*bunt*	[bount']
	oû	*Ruhe*	[**roû**he']
ü	u	*früh*	[frû]
v	f	*Vogel*	[**fô**guel']
w	v	*warum?*	[va**roum**]
x	ks	*Taxi*	[tak**sî**]
y	î	*Party*	[**par**tî]
z	ts	*Zucker*	[**tsou**kker]

ACCENTUATION

Contrairement au français, qui accentue – en règle générale – la dernière syllabe des mots, l'allemand met l'accent sur la première syllabe d'un mot: *Lieder* [**lî**der'], *Bahnhof* [**bân'**-hôf]. Cependant, il y a des exceptions: les mots avec les préfixes ver-, er-, be-, ge- et zer- (*verstehen* [fèr-**chté**hen'] **comprendre**, *erzählen* [èr-**tsé**len'] **raconter**) et certains emprunts du français – *Balkon* [bal**kôn**] **balcon** – qui sont prononcés à la française.

Pour vous faciliter le découpage syllabique des mots plus longs, nous séparons les mots composés et les préfixes courants dans la transcription phonétique par des traits d'union: *Haustür* [**haous'**- tûr] **porte d'entrée**, *verlaufen* [fèr-**laou**fen'] **se perdre**.

QUELQUES CONSEILS

◆ Lisez à haute voix.

◆ Écoutez des chansons du pays en essayant de comprendre certains mots.

◆ Faites des associations d'idées pour mieux retenir les mots et le système linguistique. L'allemand a une grande prédilection pour les mots composés, ce qui résulte dans la formation de mots monstres comme *Donaudampfschifffahrtsgesellschaftskapitän*.

Pour vous y retrouver, essayez de découper le mot composé en plusieurs parties.

Pour cet exemple:
Donau – Danube;
dampf – vapeur;
schiff – bateau;
fahrt – voyage;
gesellschaft – société;
kapitän - capitaine:
le capitaine de la société des voyages en bateaux à vapeur sur le Danube (le capitaine de la compagnie de croisières en vapeur du Danube).

◆ Essayez par ailleurs de déduire par vous-même les dérivés de certains mots courants tels que *Reise* et *reisen* pour «voyage» et «voyager». Vous élargirez ainsi plus rapidement votre vocabulaire. Ne soyez pas découragé par les changements de voyelle que subissent beaucoup des noms du singulier vers le pluriel comme *Wald* **forêt** - *Wälder* **forêts** et les verbes conjugués: *essen* **manger** - *ich esse* **je mange** - *er isst* **il mange** - *er* a*ß* **il mangeait**. Souvent il suffit d'expérimenter avec les voyelles pour reconnaître un mot familier sous une forme variée.

GRAMMAIRE

LE NOM

Tous les noms s'écrivent avec une majuscule. Leur forme change selon le genre (masculin, féminin, neutre), le nombre (singulier, pluriel) et le cas (nominatif, génitif, datif, accusatif).

LES GENRES:
LE FÉMININ, LE MASCULIN ET LE NEUTRE

L'allemand connaît trois genres: le masculin avec l'article *der*, le féminin avec l'article *die* et le neutre avec l'article *das*. S'il faut généralement apprendre le genre d'un nom par cœur, il y a néanmoins quelques repères ou terminaisons qui indiquent le genre.

Par exemple, des mots qui se terminent par *-or* (dérivé de la terminaison masculine **-eur** français), *-ig*, *-ling* et *-ich* sont **masculins**:

der Autor	**l'auteur**
der König	**le roi**
der Frühling	**le printemps**
der Teppich	**le tapis**

Les terminaisons en *-ei*, *-heit*, *-keit*, *-in*, *-schaft*, *-ung* et *-age* indiquent un nom **féminin**:

die Bäckerei	**la boulangerie**
die Freiheit	**la liberté**
die Brüderlichkeit	**la fraternité**
die Freundin	**l'amie**
die Freundschaft	**l'amitié**
die Ordnung	**l'ordre**
die Garage	**le garage**

Les mots avec les terminaisons *-ment* (généralement prononcé [mènt'], quelques emprunts français comme **Abonnement** ou **Engagement** se prononcent à la française) et tous les diminutifs avec les terminaisons en *-chen* [-<u>h</u>en] et *-lein* [-laïn'] sont **neutres**:

das Argument	**l'argument**
das Kätzchen	**le petit chat**
das Kindlein	**le petit enfant**

Pluriel

Pour mettre au pluriel les noms, on ajoute généralement *-e*, *-en* ou *-n* à la fin.

Au pluriel le nominatif de l'article est toujours *die*.

La plupart des noms **masculins** prennent un *-e* et changent la voyelle de leur syllabe tonique en *Umlaut* (*a* devient *ä*, *au* devient *äu*, *o* devient *ö* et *u* devient *ü*). Les noms en *-el*, *-en* et *-er* changent seulement de voyelle:

der Tisch - die Tische	**table/s**
der **Apfel** - die **Äpfel**	**pomme/s**
der Ball - die Bälle	**ballon/s**
der Sänger - die Sänger	**chanteur/s**
der Stuhl - die Stühle	**chaise/s**

La plupart des noms **neutres** prennent seulement un *-e* (sauf les noms en *-el*, *-en*, *-er* et les diminutifs *-chen* et *-lein* qui sont invariables):

das Tier - die Tiere	**animal/aux**
das Zimmer - die Zimmer	**chambre/s**
das Gas - die Gase	**gaz/es**
das Mädchen - die Mädchen	**fille/s**

Quelques noms **neutres** très courants prennent un *-er* et changent de voyelle en *Umlaut*:

das Kind - die Kinder	**enfant/s**
das Haus - die Häuser	**maison/s**
das Buch - die Bücher	**livre/s**
das Land - die Länder	**pays**
das Schloss - die Schlösser	**château/x**

La plupart des noms **féminins** prennent seulement un *-en* (ou *-n*, si le mot se termine par *-e*):

die Frau - die Frauen	**femme/s**
die Kirche - die Kirchen	**église/s**

Cas

La forme des noms ne change pas seulement selon le nombre (singulier/pluriel), mais aussi selon le cas. Il y a quatre cas en allemand: le nominatif (le sujet), l'accusatif (complément d'objet direct – COD) le datif (complément d'objet indirect – COI) et le génitif (possesseur). Le français n'a retenu ce changement de forme selon le cas que pour les pronoms personnels:

Pourquoi tu (nominatif) **me** (COD) **regardes?**

Je (nominatif) **lui** (COI) **donne du pain.**

On les (COD) **voit. Elle leur** (COI) **parle.**

Le **nominatif** désigne le sujet d'une phrase. Par exemple:

Der Tourist reist durch Deutschland.
Le touriste voyage à travers l'Allemagne.

L'**accusatif** s'emploie pour le complément d'objet direct (COD) d'une phrase:

*Ich sehe **den Berg**.*

Je vois **la montagne.**

Le datif désigne le complément d'objet indirect (COI) d'une phrase:

*Die Mutter gibt **den Kindern** Brot.*

La mère donne du pain **aux enfants**.

Le **génitif** indique la possession:

*Das Haus **des Professors** war fast ein Schloss.*
La maison **du professeur** était presque un château.

Notez que certaines prépositions seront toujours suivies de l'accusatif:
bis, gegen, durch, für, ohne, um.

Bis **(jusqu'à):** *Ich bleibe bis morgen.* **Je reste jusqu'à demain.**

Gegen **(contre):** *Ich bin gegen den Krieg.* **Je suis contre la guerre.**

Durch **(à travers/par):** *Der Zug fährt durch den Tunnel.* **Le train passe par le tunnel.**

Für **(pour):** *Das Geschenk ist für dich.* **Le cadeau est pour toi.**

Ohne **(sans):** *Ich verreise nie ohne meinen Hund.* **Je ne pars jamais en voyage sans mon chien.**

Um **(autour de, à, vers):** *Das Restaurant liegt um die Ecke.* **Le restaurant est au coin de la rue.** *Um sechs Uhr fängt der Film an.* **Le film commence à six heures.**

D'autres prépositions seront toujours suivies du datif:
aus, bei, mit, nach, von, zu, gegenüber.

Aus **(de, hors de):** *Er kommt aus dem Haus.* **Il sort [littéralement: vient hors] de la maison.**

Bei **(chez)** et *mit* **(avec):** *Sie wohnt bei/mit ihrem Onkel.* **Elle habite chez/avec son oncle**

Nach **(après)** et *gegenüber* **(en face de):** *Nach der Arbeit geht er zum Restaurant gegenüber der Kirche.* **Après le travail, il va au restaurant en face de l'église.**

Von **(de)** et *zu* **(à/chez/vers):** *Ich gehe von der Kirche bis zum Rathaus.* **Je vais de l'église jusqu'à la mairie.**

La déclinaison des noms allemands est très simple: pour la plupart des noms masculins et neutres, il suffit d'ajouter un *-s* ou *-es* au génitif (*Mannes*, *Hunds*) et un *-n* au datif pluriel (*Männern*, *Kindern*). Il y a un groupe de noms masculins très courants auquel il faut ajouter *-en* dans tous les cas sauf le nominatif singulier (*Mensch*, *Menschen* - **homme**). Les noms féminins sont invariables au génitif et ne prennent le *-n* qu'au datif pluriel (*Müttern*). Étant donné que les noms changent peu au cours de leur déclinaison, on reconnaît les cas surtout par la forme déclinée de l'article ou de l'adjectif qui les accompagne.

Articles

Les **articles indéfinis** du nominatif *ein* (m.), *eine* (f.) et *ein* (n.) correspondent aux **articles définis** du nominatif *der* (m.), *die* (f.), *das* (n.):

der Hund	*ein Hund*	**le/un chien**
die Reise	*eine Reise*	**le/un voyage**
das Land	*ein Land*	**le/un pays**

Les articles définis et indéfinis sont utilisés comme en français, soit devant le mot qu'ils désignent. L'importante différence est qu'ils s'accordent toujours en cas.

Déclinaison de l'article défini:

Cas	Masculin	Féminin	Neutre	Pluriel
Nominatif	*der Vater* (**père**)	*die Frau* (**mère**)	*das Kind* (**enfant**)	*die Kinder* (**enfants**)
Accusatif	*den*	*die*	*das*	*die*
Datif	*dem*	*der*	*dem*	*den Kindern*
Génitif	*des Vaters*	*der*	*des Kindes*	*der*

Déclinaison de l'article indéfini :

Cas	Masculin	Féminin	Neutre
Nominatif	*ein Vater*	*eine Mutter*	*ein Kind*
Accusatif	*einen*	*eine*	*ein*
Datif	*einem*	*einer*	*einem*
Génitif	*eines Vater**s***	*einer*	*eines Kindes*

L'article partitif

L'allemand connaît les articles partitifs (**du**, **de**, **des** en français) seulement pour la négation. Pour dire **pas de** il suffit de mettre un *k-* devant l'article indéfini : *kein* (m.), *keine* (f.), *kein* (n.), *keine* (pl.). Par exemple :

Wir trinken Bier. **Nous buvons de la bière.**

Mais :

*Wir trinken **kein** Wasser.* **Nous ne buvons pas d'eau.**

Adjectifs

Il y a deux emplois de l'adjectif :

I) Comme attribut, si le nom et l'adjectif qui le qualifie sont séparés par une forme du verbe *sein* **(être)** :

Die Bilder sind schön.	**Les peintures sont belles.**
Der Park ist schön.	**Le parc est beau.**
Das Haus ist schön.	**La maison est belle.**

Notez que contrairement au français, qui accorde l'adjectif au nom qu'il qualifie, l'adjectif reste invariable en allemand.

Grammaire

2) Si l'adjectif n'est pas séparé du nom qu'il qualifie par un verbe, il s'accorde en genre, nombre et cas. La terminaison ajoutée (*-e, -en, -er* ou *-en*) dépend aussi de l'article qui précède l'adjectif est définitif (*der, die, das*) ou indéfini (*ein, eine, einer*). Pour le nominatif et l'accusatif, le suffixe change seulement au masculin.

Article définitif

Cas	Masculin	Féminin	Neutre	Pluriel
Nominatif	*der tief**e** See*	*die groß**e** Stadt*	*das rot**e** Haus*	*die teur**en** Bücher*
	le lac profond	**la grande ville**	**La maison rouge**	**les livres chers**
Accusatif	*den tief**en** See*	*die groß**e** Stadt*	*das rot**e** Haus*	*die teur**en** Bücher*

Notez aussi qu'à la différence du français, l'adjectif précède toujours le nom en allemand.

Pronoms personnels: vouvoiement et tutoiement

	Français	Allemand
1re pers. du singulier	**je**	*ich*
2e pers. du singulier	**tu**	*du*
3e pers. du singulier	**il, elle**	*er, sie, es*
1re pers. du pluriel	**nous**	*wir*
2e pers. du pluriel	**vous**	*ihr*
3e pers. du pluriel	**ils, elles**	*sie / Sie* (forme de politesse)

Contrairement au français, la forme de politesse n'est pas la deuxième personne du pluriel **vous**, mais la troisième, *Sie* (toujours avec majuscule pour le distinguer des pronoms personnels *sie* - **elle** et *sie* **ils/elles**):

Vous êtes un très bon guide.
Sie sind ein sehr guter Führer.

Avez-vous une chambre libre?
Haben Sie ein freies Zimmer?

Le pronom *ihr* de la 2e personne du pluriel sert à s'adresser à un groupe de personnes familières. Par exemple:

Voulez-vous sortir ce soir?
Wollt ihr heute Abend ausgehen?

Une connaissance même passive de la déclinaison des pronoms personnels vous sera très utile, puisque beaucoup d'expressions courantes prennent des formes conjuguées.

Nominatif	COD - Accusatif	COI - Datif
ich [ih]	*mich* [mih]	*mir* [mîr']
du [doû]	*dich* [dih]	*dir* [dîr']
er / sie / es [ér', zî, ès']	*ihn / sie / es* [în'; zî, ès']	*ihm /ihr / ihm* [îm'; îr',îm']
wir [vîr']	*uns* [ouns']	*uns* [ouns']
ihr [îr']	*euch* [oïh]	*euch* [oïh]
sie / Sie [zî]	*sie / Sie* [zî]	*ihnen / Ihnen* [înen']

Verstehen sie mich?
Est-ce que vous me comprenez?

Grammaire

25

Ich liebe dich.
Je t'aime.

Kann ich Ihnen helfen?
Est-ce que je peux vous aider?

Können Sie mir bitte sagen, ...?
Pouvez-vous me dire, svp...?

Wie geht es Ihnen?
Comment allez-vous?

Das gehört mir!
C'est à moi!

Pronoms réflexifs pour les verbes réflexifs comme *sich waschen* **(se laver)**, *sich kennen* **(se connaître)** (les formes ressemblent à celles de l'accusatif) – *ich mich, du dich, er/sie/es sich, wir uns, ihr euch, sie sich, Sie sich*.

Ich freue mich, Sie zu sehen.
Je me réjouis de vous voir.

Sie erinnert sich noch gut an ihre letzte Reise.
Elle se souvient encore de son dernier voyage.

LES VERBES

L'infinitif des verbes se termine par *-en* ou *-n*: *gehen*, *denken*, *sein*.

Les verbes peuvent se répartir en quatre groupes principaux:

1) Le plus grand groupe rassemble les verbes faibles dont la plupart sont réguliers.

2) Les verbes forts, qui changent de voyelle au cours de la conjugaison (notamment aux formes du passé).

3) Les auxiliaires *sein* **(être)**, *haben* **(avoir)** et *werden* **(devenir)**, qui servent à constituer les formes composées du passé et du futur. Ils sont irréguliers.

4) Il y a six auxiliaires de mode correspondant aux trois idées de pouvoir, devoir et vouloir qui sont également irréguliers: *wollen* **(vouloir d'une volonté forte)**, *dürfen* **(pouvoir/avoir la permission de)**, *können* **(pouvoir/être capable de** et **savoir)**, *mögen* **(désirer, avoir envie de)**, *müssen* **(devoir/être obligé)**, *sollen* **(être obligé de)**.

Pour conjuguer un verbe, il faut connaître ses temps principaux pour savoir s'il est faible ou fort: le présent, le prétérit/passé et le participe passé. Chaque verbe, en particulier chaque verbe fort, doit être appris avec ces trois formes à partir desquelles on peut constituer toutes les autres:

Verbes faibles

Infinitif	3ᵉ pers. sing. Présent	Prétérit	Participe passé
sagen [zâguen'] **dire**	*er/sie/es sagt*	*ich sagte*	*gesagt*
machen [ma<u>r</u>hen']**faire**	*er/sie/es macht*	*machte*	*gemacht*

Verbes forts

Infinitif	3ᵉ pers. sing. Présent	Prétérit	Participe passé
sehen [zéhen'] **voir**	*er/sie/es sieht*	*sah*	*gesehen*
rufen [rûfen'] **appeler**	*er/sie/es ruft*	*rief*	*gerufen*
gehen [guéhen'] **aller**	*er/sie/es geht*	*ging*	*gegangen*

Le présent

En règle générale, le présent des verbes réguliers s'obtient en remplaçant le -*en* ou le -*n* de l'infinitif par les terminaisons -*e*, -*st*, -*t*, -*en*, -*t* ou -*en*:

Exemple :

wohnen	[vônen']	**habiter**
ich wohne	[vône']	**j'habite**
du wohnst	[vônst']	**tu habites**
er, sie, es wohnt	[vônt']	**il/elle habite**
wir wohnen	[vônen']	**nous habitons**
ihr wohnt	[vônt']	**vous habitez**
sie/ Sie wohnen	[vônen']	**ils habitent**

Les **verbes forts** en *a* et *e* changent de voyelle à la deuxième et à la troisième personne du singulier (*a* devient *ä*; *e* devient *i*). Par exemple:

dormir

schlafen [**chl**âfen']
ich schlafe [**chl**âfe']
du schläfst [chlêfst]
er/sie/es schläft
wir schlafen
ihr schlaft
sie/Sie schlafen

donner

geben [**gu**ében']
ich gebe [**gu**ébe']
du gibst [guibst]
er gibt
wir geben
ihr gebt
sie/Sie geben

voir

sehen [**z**éhen']
ich sehe [**z**éhe']
du siehst [zîst]
er sieht
wir sehen
ihr seht
sie/Sie sehen

prendre

nehmen [**n**émen']
ich nehme [**n**éme']
du nimmst [nimmst]
er nimmt
wir nehmen
ihr nehmt
sie/Sie nehmen

Les verbes **auxiliaires** de temps *sein* **(être)** et *haben* **(avoir)** et les auxiliaires de mode sont irréguliers:

sein [zaïn'] **être**	*haben* [hâben'] **avoir**	*können* [kœnnen'] **pouvoir/savoir**
ich bin [bin']	*habe* [hâbe]	*kann* [kann]
du bist [bist']	*hast* [hast']	*kannst* [kannst']
er/sie/es ist [ist']	*hat* [hat']	*kann* [kann]
wir sind [zint']	*haben* [hâben']	*können* [**kœ**nnen']
ihr seid [zaït']	*habt* [hâbt']	*könnt* [kœnnt']
sie/Sie sind [zint']	*haben* [**hâ**ben']	*können* [**kœ**nnen']
dürfen [**dur**fen']	*wollen* [**vol**len]	
müssen [**mus**sen']		

avoir la permission de	**vouloir**	**devoir**
ich darf [darf']	*will* [vill]	*muss* [mouss]
du darfst [darfst']	*willst* [villst']	*musst* [mousst']
er/sie/es darf [darf']	*will* [vill]	*muss* [mouss]
wir dürfen [**dur**fen']	*wollen* [**vol**len']	*müssen* [**mus**sen']
ihr dürft [durft']	*wollt* [vollt']	*müsst* [musst']
sie/Sie dürfen [**dur**fen']	*wollen* [**vol**len']	*müssen* [**mus**sen']

Comme en français, les auxiliaires de mode s'emploient avec l'infinitif, mais la syntaxe allemande veut que cet infinitif soit relégué à la fin de la phrase.

Par exemple:

Je veux voir le château.
*Ich **will** das Schloss **sehen**.*

Le passé

Pour exprimer les actions et les faits du passé, l'allemand parlé se sert de
préférence d'une forme composée du présent des auxiliaires *sein* (être) ou
haben (avoir), suivi du participe passé du verbe (comme le passé composé
en français).

Le **participe passé** se construit généralement à partir du radical du verbe
(le verbe sans le *-en* ou *-n* de l'infinitif) auquel on ajoute le préfixe *ge-* et soit
le suffixe *-t* ou *-et* pour les verbes faibles, soit le suffixe *-en* pour les verbes
forts (autrement dit: pour les verbes forts, il suffit d'ajouter le préfixe *ge-* à
l'infinitif). On accentue toujours la syllabe après le préfixe *ge-*:

Verbes faibles: *ge-* [gue'] + **radical** + *-t* ou *-et*

sagen **(dire):** *Er hat nichts gesagt.* [ér' hat' nihts' gue-**zâkt**] **Il n'a rien
dit.**

antworten **(répondre):** *Ich habe nichts geantwortet.* [ih **hâbe'** nihts gue-
antwortet] **Je n'ai rien répondu.**

kaufen **(acheter):** *Sie hat Brot gekauft.* [zî hat' brôt gue-**kaouft'**] **Elle a
acheté du pain.**

Verbes forts: *ge-* + radical (souvent avec changement de
voyelle) + *-en*

geben **(donner):** *Die Verkäuferin hat mir Kleingeld gegeben.* [dî fèr-koïferin'
hat' mîr klaïn'-gèlt gue-**guében**'] **La vendeuse m'a donné de la monnaie.**

schlafen **(dormir)** *Ich habe sehr gut geschlafen.* [ih hâbe' zér goût gue-chlâfen']
J'ai très bien dormi.

trinken **(boire):** *Wir haben zu viel getrunken.* [vîr hâben' tsoû fîl' gue-trounken']
Nous avons trop bu.

On emploie l'auxiliaire *haben* pour la plupart des verbes:

Ich habe die Kirche gesehen. **J'ai vu l'église.**

Wir haben den Zug verpasst. **Nous avons raté le train.**

Quelques verbes – dont la plupart des verbes de mouvement – prennent l'auxiliaire *sein*:

gehen **(aller):** *Ich bin gegangen.* **Je suis allé.**

kommen **(venir):** *Wir sind gekommen.* **Nous sommes venus.**

fahren **(conduire/aller en voiture/bus/train, etc.):** *Du bist Auto gefahren.* **Tu as conduit.**

fliegen **(voler/prendre l'avion):** *Er ist geflogen.* **Il a pris l'avion.**

Le **prétérit** (qui correspond à l'imparfait et au passé simple en français) est une forme difficile parce que tous les verbes forts changent de voyelle et doivent tous être appris par cœur. Par exemple: *kommen* **(venir)** - *er kam* **(il venait)** ou *gehen* **(aller)** - *er ging* **(il allait)**. Pour les verbes faibles, par contre, on ajoute les terminaisons *-te, -test, -te, -ten, -tet* et *-ten*. Par exemple, *machen* **(faire)** – *ich machte, du machtest, er machte, wir machten, ihr machtet, sie machten*. Le prétérit n'est presque pas employé dans la langue parlée. Les auxiliaires, cependant, font exception:

sein **(être)**	*haben* **(avoir)**
ich war [vâr]	*hatte* [hatte']
du warst [varst']	*hattest* [hattest']
er/sie/es war [vâr]	*hatte* [hatte']
wir waren [vâren]	*hatten* [hatten']
ihr wart [vârt']	*hattet* [hattet']
sie/Sie waren [vâren']	*hatten* [hatten']

können **(pouvoir/savoir)**	*wollen* **(vouloir)**
konnte [**konn**te']	*wollte* [**voll**te']
konntest [**konn**test']	*wolltest* [**voll**test']
konnte [**konn**te']	*wollte* [**voll**te']
konnten [**konn**ten']	*wollten* [**voll**ten']
konntet [**konn**tet']	*wolltet* [**voll**tet']
konnten [**konn**ten']	*wollten* [**voll**ten']

Par exemple:

Das war wunderbar! **C'était merveilleux!**

Wir hatten keine Zeit mehr. **Nous n'avions plus de temps.**

Ich konnte alles verstehen. **Je pouvais tout comprendre.**

Futur

L'allemand emploie volontiers le présent pour exprimer un futur événement. Le futur est alors indiqué par un adverbe de temps comme *morgen* **(demain)**, *bald* **(bientôt)**, *nächste Woche* **(la semaine prochaine)**. Par exemple:

Morgen sehen wir einen Film. **Demain, nous allons voir un film.**

Ich komme bald wieder. **Je vais revenir bientôt.**

Nächste Woche fahren wir nach Hause. **On rentrera la semaine prochaine.**

Le futur est composé du présent de l'auxiliaire temporel *werden* et de l'infinitif du verbe à conjuguer:

ich werde [**vèr**de']

du wirst [virst']

er/sie/es wird [virt'] *fahren, gehen, sehen...*

wir werden [**vèr**den']

Grammaire

33

ihr werdet [vèrdet']
sie werden [vèrden']

Notez que l'auxiliaire *werden* s'emploie aussi au sens de **«devenir»**
Er wird alt. **Il devient vieux.**

Die Stadt wird immer schöner.
La ville devient de plus en plus belle.

Impératif

Il y a trois formes de l'impératif en allemand.

I) Pour donner des ordres à une personne familière, il suffit d'enlever le *-en*
ou le *-n* de l'infinitif du verbe. Pour mettre un plus d'emphase, on ajoute le
petit mot *doch* **(donc):**

kommen **(venir):** *Komm doch her!* [komm do<u>rh</u> hér'] **Viens donc ici!**

gehen **(aller):** *Geh doch weg!* [gué do<u>rh</u> wèk] **Va-t'en!**

La voyelle du radical change pour tous les verbes forts, qui changent de
voyelle à la deuxième et à la troisième personne du présent:

geben - er gibt - gib! **(donner - il donne - donne!)**

nehmen - er nimmt - nimm! **(prendre - il prend - prends!)**

sehen - er sieht - sieh! **(voir - il voit - vois!)**

2) Pour donner des ordres à un groupe de personnes familières, on ajoute un *-t* au radical du verbe:

Kommt her! [kommt hér'] **Venez ici!**

Geht weg! [guét wèk] **Allez-vous-en!**

3) La forme de politesse de l'impératif est la même que celle du présent, à la seule différence qu'il faut inverser le verbe et le pronom:

Kommen Sie her! [**kommen'** zî hér'] **Venez ici!**

Gehen Sie weg! [**guéhen'** zî wèk] **Allez-vous-en!**

Pour faire une suggestion, on utilise aussi la forme de la première personne du pluriel (avec inversion de la position du verbe et du pronom) – comme en français, d'ailleurs:

Gehen wir! [**guéhen'** vîr'] **Allons-y!**

La négation

L'usage de la négation est très simple en allemand. En règle générale, il suffit de mettre *nicht* après le verbe ou après l'auxiliaire.

Par exemple:

Ich verstehe nicht.   **Je ne comprends pas.**

Ich will nicht aufstehen.   **Je ne veux pas me lever.**

Pour dire **pas de**, il suffit d'ajouter un *k* à l'article indéfinitif *kein/keine* (Voir plus haut - Article partitif):

Er isst kein Fleisch.
Il ne mange pas de viande.

MOTS ET EXPRESSIONS USUELS
GELÄUFIGE WORTE UND WENDUNGEN

Oui	*Ja*	[yâ]
Non	*Nein*	[naïn']
Peut-être	*Vielleicht*	[fîlaï<u>ht</u>]
Excusez-moi	*Entschuldigung*	[ènt**choul**digoung]
Bonjour (forme familière)	*Hallo*	[**hall**ô]
Bonjour (dans le Nord)	*Guten Tag*	[**goû**ten' tâk]
Bonjour (le soir)	*Guten Abend*	[**goû**ten' âbent']
Bonne nuit	*Gute Nacht*	[**goû**te' na<u>rh</u>t']
Salut	*Tschüss*	[tchuss]
Au revoir	*Auf Wiedersehen*	[aouf **vî**der-zén']
Merci	*Danke*	[**dan**ke']
Merci beaucoup	*Vielen Dank*	[**fi**len' **dank**']
S'il vous plaît	*Bitte*	[**bit**te']
Je vous en prie	*Gern geschehen*	[gèrn gé-**ché**hen']
Comment allez-vous?	*Wie geht es Dir / Ihnen?*	[vî **guét** ès' dîr / înen']

Très bien, et toi/ et vous?	*Sehr gut und dir / und Ihnen?*	[**zér** goût] [ount' **dîr**, ount' înen']
Très bien, merci	*Sehr gut, danke*	[**zér** goût', **dan**ke']
Où se trouve...? l'hôtel...?	*Wo ist... das Hotel...?*	[vô ist' das hô**tèl**]
Est-ce qu'il y a...?	*Gibt es...?*	[**gî**pt' ès']

Est-ce qu'il y a une piscine?
Gibt es ein Schwimmbad?
[gîpt ès' aïn **chvim**-bât]

Est-ce loin d'ici?
Ist es weit von hier?
[ist ès' vaït' fon hîr]

Est-ce près d'ici?
Ist es in der Nähe?
[ist ès' in' dér **nê**he']

ici	*hier*	[hîr']
là	*da, dort*	[dâ, dort']
à droite	*rechts*	[rè<u>h</u>ts]
à gauche	*links*	[links]
tout droit	*geradeaus*	[guérâde'-**aous**]
avec	*mit*	[mit']
sans	*ohne*	[**ô**ne']
beaucoup	*viel*	[fîl']

peu	*wenig*	[**vé**nih]
souvent	*oft*	[oft']
de temps à autre	*manchmal*	[**manh**-mâl']
quand	*wann*	[vann]
très	*sehr*	[zér']
aussi	*auch*	[aou**rh**]
au-dessus de (sur)	*über (auf)*	[**û**ber' (aouf)]
au-dessous de (sous)	*unter*	[**ou**nter']
en haut	*oben*	[**ô**ben']
en bas	*unten*	[**ou**nten']

Excusez-moi, je ne comprends pas.
Entschuldigung, ich verstehe nicht.
[ènt**choul**digoung, ih fèr-**chté**he' ni**h**t']

Pouvez-vous parler plus lentement, s'il vous plaît?
Können Sie bitte langsamer sprechen?
[**kœn**nen' zî **bit**te' **lang**-zâmer' **chprè**hen']

Pouvez-vous répéter, s'il vous plaît?
Können Sie das bitte wiederholen?
[**kœn**nen' zî das **bit**te' **vî**dér'-**hô**len']

Parlez-vous français?
Sprechen Sie Französisch?
[**chprè**hen' zî frant**seu**zich]

Je ne parle pas allemand.
Ich spreche kein Deutsch.
[ih **chprè**he' kaïn' doïtch]

Y a-t-il quelqu'un ici qui parle français?
Kann hier jemand Französisch sprechen?
[kann hîr **yé**mant' frant**seu**zich **chprè**hen']

Y a-t-il quelqu'un ici qui parle anglais?
Kann hier jemand Englisch sprechen?
[kann hîr **yé**mant' **èn**glich **chprè**hen']

Est-ce que vous pouvez me l'écrire?
Können Sie mir das aufschreiben?
[**kœ**nnen' zî mîr das **auof**-chraïben']

Qu'est-ce que cela veut dire?
Was heißt das?
[vas' **haïsst** das]

Que veut dire le mot...?
Was bedeutet das Wort ...?
[vas' be**do**ïtet' das vort'...]

Je comprends.
Ich verstehe.
[ih fèr-**chté**he']

Comprenez-vous?
Verstehen Sie?
[fèr-**chté**hen' zî]

En français, on dit...
Auf Französisch sagt man...
[aouf frant**seu**zich **zâkt** man'...]

En anglais, on dit...
Auf Englisch sagt man...
[aouf **èn**glich **zâkt** man'...]

Pouvez-vous me l'indiquer dans le livre?
Können Sie mir das im Buch zeigen?
[**kœnnen**' zî mîr das im bou**rh** **tsaï**guen']

Puis-je avoir...? / J'aimerais...!
Darf ich ... haben ? / Ich möchte...!
[darf i**h** ... **hâ**ben' / i**h** m**œh**te']

Je voudrais avoir...
Ich hätte gern...
[i**h** **hè**tte' gèrn']

Je ne sais pas.
Ich weiss nicht.
[i**h** vaïss ni**h**t']

LES COULEURS – *DIE FARBEN*

blanc/che	*weiss*	[vaïs']
noir/e	*schwarz*	[chvarts]
rouge	*rot*	[rôt']
vert/e	*grün*	[grûn']
bleu/e	*blau*	[blaou]
jaune	*gelb*	[guèlp']

LES NOMBRES – *DIE ZAHLEN*

un	*eins*	[aïns']
deux	*zwei*	[tsvaï]
trois	*drei*	[draï]
quatre	*vier*	[fïr']
cinq	*fünf*	[funf']
six	*sechs*	[zèks]
sept	*sieben*	[**zí**ben']
huit	*acht*	[a<u>r</u>ht]
neuf	*neun*	[noïn']
dix	*zehn*	[tsén']
onze	*elf*	[èlf]
douze	*zwölf*	[tsvœlf]
treize	*dreizehn*	[**draï**-tsén']
quatorze	*vierzehn*	[**fir**-tsén']
quinze	*fünfzehn*	[**funf**-tsén']
seize	*sechzehn*	[**zè<u>h</u>**-tsén']
dix-sept	*siebzehn*	[**zib**-tsén']
dix-huit	*achtzehn*	[**aht**-tsén]
dix-neuf	*neunzehn*	[**noïn**-tsén]
vingt	*zwanzig*	[**tsvan**-tsi<u>h</u>]
vingt et un	*einundzwanzig*	[**aïn**-ount-tsvan-tsi<u>h</u>]
vingt-deux	*zweiundzwanzig*	[**tsvaï**-ount-tsvan-tsi<u>h</u>]
trente	*dreißig*	[**draï**si<u>h</u>]
trente et un	*einunddreißig*	[**aïn**-ount-draïsi<u>h</u>]
trente-deux	*zweiunddreißig*	[**tsvaï**-ount-draïsi<u>h</u>]

quarante	vierzig	[**fir**-tsi<u>h</u>]
quarante et un	einundvierzig	[**aïn**-ount-fir-tsi<u>h</u>]
cinquante	fünfzig	[**funf**-tsi<u>h</u>]
soixante	sechzig	[**zèh**-tsi<u>h</u>]
soixante-dix	siebzig	[**zîb**-tsi<u>h</u>]
quatre-vingt	achtzig	[**aht**-tsi<u>h</u>]
quatre-vingt-dix	neunzig	[**noïn'**-tsi<u>h</u>]
cent	hundert	[**houndert**]
deux cents	zweihundert	[**tsvaï**-houndert]
deux cent quarante-deux	zweihundert-zweiundvierzig	[**tsvaï**-houndert-**tsvaï**-ount-firtsi<u>h</u>]
cinq cents	fünfhundert	[**funf**-houndert]
mille	tausend	[**taou**zent']
dix mille	zehntausend	[**tsén'**-taouzent']
un million	eine Million	[aïne' milly**ôn'**]

Pour «vingt» et «trente», comme on peut voir ci-dessus, et les autres nombres jusqu'à «quatre-vingt-dix», on doit ajouter *einund*, *zweiund*, etc. avant le nombre en question.

L'HEURE ET LE TEMPS –
ZEIT UND WETTER

Heure – *Uhrzeit*

Quelle heure est-il?	*Wieviel Uhr ist es?*	[**vi**-fîl oûr' ist ès']
Il est une heure.	*Es ist ein Uhr.*	[ès' ist **a**ïn' oûr']
Il est deux heures.	*Es ist zwei Uhr.*	[ès' ist tsva**ï** oûr']
trois heures et demie	*halb vier*	[halp fîr]
quatre heures et quart	*viertel nach vier*	[**fir**tel' nâ<u>rh</u> **fîr**]
cinq heures moins quart	*viertel vor fünf*	[**fir**tel' fôr **funf**]
six heures cinq	*fünf nach sechs*	[funf nâ<u>rh</u> **zèks**]
sept heures moins dix	*zehn vor sieben*	[tsén fôr **zi**ben']
Dans un quart d'heure	*in einer Viertelstunde*	[in' **a**ïner' **fir**tel'-chtounde']
Dans une demi-heure	*in einer halben Stunde*	[in' **a**ïner' **hal**ben' chtounde']
Dans une heure	*in einer Stunde*	[in' **a**ïner' chtounde']
Dans un instant	*bald*	[balt']
Un instant, s'il vous plaît	*Einen Moment, bitte*	[**a**ïnen' mô**mèn**t' **bitt**e']
Quand?	*Wann?*	[vann]
Tout de suite	*sofort*	[sô**fort**]

Maintenant	*jetzt*	[yètst]
Ensuite	*danach*	[dan<u>â</u>r<u>h</u>]
Plus tard	*später*	[chpéter']
Je reviendrai dans une heure.	*Ich komme in einer Stunde wieder.*	[i<u>h</u> komme' in' aïner' chtounde' vîder']

Moments de la journée – *Tageszeiten*

jour	*Tag*	[tâk]
nuit	*Nacht*	[na<u>rh</u>t']
matin	*Morgen*	[morguen']
après-midi	*Nachmittag*	[na<u>rh</u>-mittak]
soirée	*Abend*	[âbent']
aujourd'hui	*heute*	[hoïte']
ce matin	*heute Morgen*	[hoïte' morguen']
cet après-midi	*heute Nachmittag*	[hoïte' na<u>rh</u>-mittak]
ce soir	*heute Abend*	[hoïte' âbent']
demain	*morgen*	[morguen']
demain matin	*morgen früh*	[morguen' frû]
demain après-midi	*morgen Nachmittag*	[morguen' na<u>rh</u>-mittak]
demain soir	*morgen Abend*	[morguen' âbent']
après-demain	*übermorgen*	[ûber'-morguen']
hier	*gestern*	[guèstern]
avant-hier	*vorgestern*	[fôr-guèstern]
semaine	*Woche*	[vo<u>rh</u>e']

la semaine prochaine	*nächste Woche*	[**nêh**ste' **vo**rhe']
la semaine dernière	*letzte Woche*	[**lèt**ste' **vo**rhe']
lundi prochain	*nächsten Montag*	[**nêh**sten' **môn**-tâk]

Jours de la semaine – *Wochentage*

dimanche	*Sonntag*	[**sonn**-tâk]
lundi	*Montag*	[**môn'**-tâk]
mardi	*Dienstag*	[**dîns**-tâk]
mercredi	*Mittwoch*	[**mitt**-vorh]
jeudi	*Donnerstag*	[**do**nners-tâk]
vendredi	*Freitag*	[**fraï**-tâk]
samedi	*Samstag*	[**zams**-tâk]

Mois – *Monate*

janvier	*Januar*	[**ya**nouâr]
février	*Februar*	[**fé**brouâr]
mars	*März*	[**mêrts**]
avril	*April*	[a**pril'**]
mai	*Mai*	[**maï**]
juin	*Juni*	[**you**nî]
juillet	*Juli*	[**you**lî]
août	*August*	[**aou**goust]

septembre	*September*	[sèptèmber']
octobre	*Oktober*	[oktôber']
novembre	*November*	[novèmber']
décembre	*Dezember*	[détsèmber']

À quelle heure la chambre sera-t-elle prête?

Um wieviel Uhr ist das Zimmer bereit?
[oum **vi**-fîl oûr ist das **ts**immer' be**rait'**]

À quelle heure doit-on quitter la chambre?

Um wieviel Uhr muss das Zimmer geräumt werden?
[oum **vi**-fîl oûr mouss das **ts**immer' gué-**roïmt** vèrden']

Quel est le décalage horaire entre... et... ?

Was ist der Zeitunterschied zwischen... und...?
[vas' ist der' **tsaït-oun**ter'-chît **tsvi**chen' ... ount ...]

PAYS ET NATIONALITÉS –
LÄNDER UND NATIONALITÄTEN

Je viens de…	*Ich komme aus…*	[ih komme' aous..]
Allemagne	*Deutschland*	[doïtch-lant']
Angleterre	*England*	[èng-lant']
Australie	*Australien*	[aoustralyen']
Autriche	*Österreich*	[euster-raïh]
Belgique	*Belgien*	[bèlguyen']
Brésil	*Brasilien*	[brazîlyen']
Canada	*Kanada*	[kanadâ]
Écosse	*Schottland*	[chot-lant']
Espagne	*Spanien*	[chpânyen']
États-Unis	*Vereinigte Staaten*	[fer-aïnikte' châten']
France	*Frankreich*	[frank-raïh]
Grande-Bretagne	*Großbritannien*	[grôs-brîtanyen']
Grèce	*Griechenland*	[grîhen-lant']
Irlande	*Irland*	[ir-lant']
Italie	*Italien*	[itâlyen']
Pays-Bas	*Holland*	[hollant']
Portugal	*Protugal*	[portougal]
Québec	*Quebec*	[québèk]
Russie	*Russland*	[rouss-lant']
Suisse	*Schweiz*	[chvaïts]

allemand/e	*deutsch*	[doïtch]
anglais/e	*englisch*	[ènglich]
américain/e	*amerikanisch*	[amérikânich]
australien/ne	*australisch*	[aoustrâlich]
autrichien/ne	*österreichisch*	[euster'-raïhisch]
belge	*belgisch*	[bèlgich]
brésilien/ne	*brasilianisch*	[brazilyânich]
canadien/ne	*kanadisch*	[kanâdich]
espagnol/e	*spanisch*	[chpânich]
français/e	*französisch*	[frantseuzich]
italien/ne	*italienisch*	[italyénich]
grec/que	*griechisch*	[grîhich]
hollandais/e	*holländisch*	[hollèndich]
irlandais/e	*irisch*	[îrich]
italien/ne	*italienisch*	[italyénich]
portugais/e	*portugiesisch*	[portouguîzich]
québécois/e	*quebecerisch*	[québèkerich]
suisse	*schweizerisch*	[chvaïtserich]

Renseignements généraux

49

FORMALITÉS D'ENTRÉE –
EINREISE-FORMALIA

ambassade	*die Botschaft*	[**bôt**-chaft']
bagages	*das Gepäck*	[guepèk]
citoyen	*der Bürger*	[**bur**guer']
consulat	*das Konsulat*	[konzoulât']
douane	*der Zoll*	[tsoll]
immigration	*die Einwanderung*	[**aïn**-vanderoung]
passeport	*der (Reise-)Pass*	[(**raïze**')-pass]
sac	*die Tasche*	[**ta**che']
valise	*der Koffer*	[**koffer**']
visa	*das Visum*	[**vî**zoum]

Votre passeport, s'il vous plaît.
Ihren Pass, bitte.
[**îren**' pass **bit**te']

Combien de temps allez-vous séjourner au pays?
Wie lange bleiben Sie im Land?
[vî **langue**' **bla**ïben' zî im lant']

Trois jours	*drei Tage*	[draï **tâge**']
Une semaine	*eine Woche*	[aïne' **vo**he']
Un mois	*einen Monat*	[aïnen' **mô**nat]

Avez-vous un billet de retour?
Haben Sie eine Rückfahrkarte (par train) / *einen Rückflug* (par avion)?
[**hâ**ben' zî aïne' **rukk**-fâr-karte' / aïnen' **rukk**-floûk]

Quelle sera votre adresse dans le pays?
Wo werden Sie hier wohnen?
[vô **vèr**den zî hîr **vô**nen']

Voyagez-vous avec des enfants?
Reisen sie mit Kindern?
[**raï**zen' zî mit **kin**dern]

Voici le consentement de sa mère (de son père).
Hier die Einwilligung seiner Mutter (seines Vaters).
[hîr dî **aïn**-villigoung **zaï**ner' **mou**tter' | **zaï**nes' **fâ**ters]

Je ne suis qu'en transit.
Ich bin nur auf Durchreise.
[i<u>h</u> bin' noûr aouf **dur<u>h</u>**-raïze']

Je suis en voyage d'affaires.
Ich bin auf Geschäftsreise.
[i<u>h</u> bin' aouf gue'-**chèfts**-raïze']

Je suis en voyage touristique.
Ich bin auf Urlaubsreise.
[i<u>h</u> bin aouf **oûr**laoups-raïze']

Pouvez-vous ouvrir votre sac, s'il vous plaît?
Können Sie bitte ihre Tasche öffnen?
[**kœn**nen' zî **bit**te' îre' **ta**che' **œff**nen']

Je n'ai rien à déclarer.
Ich habe nichts zu verzollen.
[i<u>h</u> **hâ**be' ni<u>h</u>ts tsoû fèr-**tsol**len']

autobus	*der Bus*	[bous']
avion	*das Flugzeug*	[**floûg**-tsoïk]
bateau	*das Schiff*	[chiff]
taxi	*das Taxi*	[taksî]
train	*die Straßenbahn*	[**chtrâ**ssen'-bân']
voiture	*das Auto*	[aoutô]
	der Wagen	[**vâ**guen']
voiture de location	*der Mietwagen*	[**mît**-vâguen' |
office de tourisme	*das Fremden-verkehrsbüro*	[**frèm**den'-fèr**kêrs**-bûrô]
renseignements touristiques	*die Auskunft für Touristen*	[**aous**-kounft fûr toû**ris**ten']

J'ai perdu une valise.
Ich habe einen Koffer verloren.
[i<u>h</u> **hâ**be' a<u>ï</u>nen' **ko**ffer' fèr-**lô**ren']

J'ai perdu mes bagages.
Ich habe mein Gepäck verloren.
[i<u>h</u> **hâ**be' ma<u>ï</u>n' gue**pèk** fèr-**lô**ren']

Je suis arrivé sur le vol n⁰... de...
Ich bin mit dem Flug Nummer... aus... angekommen.
[i<u>h</u> bin' mit dém floûk **nou**mmer'... aous... **an**'-gue'-kommen']

Je n'ai pas encore eu mes bagages.
Ich habe mein Gepäck noch nicht.
[i<u>h</u> **hâ**be' ma<u>ï</u>n' gue**pèk** no<u>rh</u> ni<u>h</u>t]

Y a-t-il un bus qui se rend au centre-ville?
Gibt es einen Bus zum Stadtzentrum?
[gîpt ès' **aï**nen' bous' tsoum **chtat**-tsèntroum]

Où le prend-on?
Wo fährt der Bus ab?
[vô fêrt dér bous' ap]

Quel est le prix du billet?
Wieviel kostet ein Fahrschein?
[**vî**-fîl **kos**tet' aïn' **fâr**-chaïn']

Est-ce que ce bus va à ...?
Fährt dieser Bus nach ...?
[fêrt' **dî**zer' bous' na<u>rh</u>...]

Combien de temps faut-il pour se rendre à l'aéroport?
Wie lange braucht man zum Flughafen?
[vî **lan**gue' braou<u>rh</u>t man' tsoum **floûg**-hâfen']

Combien de temps faut-il pour se rendre au centre-ville?
Wie lange braucht man ins Stadtzentrum?
[vî **lan**gue' braou<u>rh</u>t man' ins' **chtat**-tsèntroum]

Combien faut-il payer?
Wieviel kostet das?
[**vî**-fîl **kos**tet' das]

Où prend-on le taxi?
Wo kann man ein Taxi nehmen?
[vô kann man' aïn' **tak**sî be**kom**men']

Combien coûte le trajet pour ...?
Wieviel kostet die Fahrt nach ...?
[**vî**-fîl **kos**tet dî fârt na<u>rh</u>]

Où peut-on louer une voiture?
Wo kann man ein Auto mieten?
[vô kann man' aïn' **aou**tô mîten']

Est-ce qu'on peut réserver une chambre d'hôtel depuis l'aéroport?
Kann man vom Flughafen aus ein Zimmer reservieren?
[kann man' fom **floûg**-hâfen' aous aïn' **tsim**mer' rézèr**vî**ren']

Y a-t-il un hôtel à l'aéroport?
Gibt es ein Hotel am Flughafen?
[gîpt ès' aïn' hô**tel'** am **floûk**-hâfen']

Où peut-on changer de l'argent?
Wo kann man Geld wechseln?
[vô kann man' guèlt **vèk**seln]

Où sont les bureaux de ...?
Wo sind die Schalter von...?
[vô sint' dî **chal**ter fon'...]

LES TRANSPORTS — *VERKEHRSMITTEL*

Les transports en commun – *Öffentlicher Verkehr*

bus	*der Bus*	[bous']
car	*das Auto*	[aoutô]
métro	*die U-Bahn*	[**oû-bân'**]
train	*der Zug*	[tsoûk]
tramway	*die Straßenbahn*	[**chtrâ**ssen-bân']
air conditionné	*klimatisiert*	[klîma-ti**zîrt**]
aller-retour	*Hin- und Rückfahrt*	[**hin'**-ount-**rukk**-fârt]
billet	*die Fahrkarte*	[**fâr**-karte']
gare	*der Bahnhof*	[**bân'**-hôf]
place numérotée	*der nummerierte Platz*	[noumme**rîrte'** plats]
siège réservé	*der reservierte Platz*	[rézér**vîrte'** plats]
terminal routier	*die Endstation*	[**ènt**-chtat**syôn'**]
quai	*das Gleis*	[glaïs']
vidéo	*das Video*	[**vî**déô]
wagon-restaurant	*der Speisewagen*	[chpa**ïze'**-vâguen']

Où peut-on acheter les billets?
Wo kann man Fahrkarten kaufen?
[vô kann man' **fâr**-karten' **kaou**fen']

Quel est le tarif pour ...?
Was kostet eine Fahrt nach ...?
[vas' **kos**tet' aïne' fârt na<u>r</u>h...]

Quel est l'horaire pour ...?
Was ist der Fahrplan für ...?
[vas' ist dér **fâr**-plân' fûr...]

Y a-t-il un tarif pour enfants / pour étudiants?
Gibt es Kinderermäßigung / Studentenermäßigung?
[gîpt ès' **kin**dèr-èr-**mê**sîgoung / choud**èn**ten'-èr-**mê**sîgoung]

À quelle heure part le train pour ...?
Um wieviel Uhr fährt der Zug nach ....?
[oum vî-**fîl** oûr fêrt dér tsoûk nâ<u>r</u>h...]

À quelle heure arrive le bus de ...?
Um wieviel Uhr kommt der Bus aus ...an ?
[oum vî-**fîl** oûr kommt dér bous' aous ... an']

Est-ce que le café est servi à bord?
Gibt es unterwegs Kaffee?
[gîpt ès' ounter'-**véks kaffé**]

Un repas léger est-il servi à bord?
Gibt es unterwegs etwas zu Essen?
[gîpt ès' ounter'-**véks** ètvas' tsou **è**ssen']

Le repas est-il inclus dans le prix du billet?
Ist die Mahlzeit im Preis inbegriffen?
[ist dî **mâl**-tsaït' im' praïs' **in**'-be'-griffen']

De quel quai part le train pour ...?
Von welchem Gleis fährt der Zug nach ...?
[fon' **vèl**hem glaïs' fêrt dér tsoûk nârh...]

Où met-on les bagages?
Wo kommt das Gepäck hin?
[vô kommt das guep**èk** hin']

Excusez-moi, vous occupez ma place.
Entschuldigung, Sie sitzen auf meinem Platz.
[ènt-**choul**-digoung, zî zitsen' aouf **maï**nem' plats]

À quelle gare sommes-nous?
An welcher Station sind wir?
[an' **vèl**her chtatsy**ôn'** zint' vîr]

Est-ce que le train s'arrête à ...?
Hält der Zug in ...?
[hèlt' dér tsoûk in...]

Métro – *U-Bahn*

Quelle est la station la plus proche?
Wo ist die nächste Haltestelle?
[vô ist dî **nêh**ste' **hal**te'-chtèlle']

Combien coûte un billet?
Wieviel kostet eine Fahrkarte?
[**vî**-fîl **kos**tet' aïne' **fâr**-karte']

Y a-t-il des carnets de billets?
Gibt es Streifenkarten?
[gîpt ès' **chtraï**fen'-karten']

Y a-t-il des cartes pour la journée? pour la semaine?
Gibt es Tageskarten? Wochenkarten?
[gîpt ès' **tâ**ges-karten' / **vo**rhen'-karten']

Quelle direction faut-il prendre pour aller à ...?
Wie komme ich nach ...
[vî komme' i̱h nâr̲h]

Est-ce qu'il faut prendre une correspondance?
Muss man umsteigen?
[mouss man' **oum**-chtaïguen']

Avez-vous un plan du métro?
Haben Sie einen Übersichtsplan für die U-Bahn?
[**hâ**ben' zî aïnen' ûber-zi̱hts-plân' fûr dî **oû**-bân']

À quelle heure ferme le métro?
Um wieviel Uhr schließt die U-Bahn?
[oum vî-fil' **oûr**' chlîst dî **oû**-bân']

La conduite automobile – *Autofahrt*

ici	hier	[hîr]
là	da, dort	[dâ, dort]
avancer	vorwärts fahren	[**fô**r-vèrts fâren']
reculer	rückwärts fahren	[**ruk**-vèrts fâren']
tout droit	geradeaus	[guérâde'-**aous**]
à gauche	links	[links]
à droite	rechts	[rè̱hts]
feux de circulation	die Ampel	[**am**pel']
feu rouge	rote Ampel	[rôte' **am**pel']

feu vert	*grüne Ampel*	[**grûne'** **ampel'**]
feu orangé	*gelbe Ampel*	[**guèlbe'** **ampel'**]
aux feux de circulation	*an der Ampel*	[an' dér **ampel'**]
carrefour	*die Kreuzung*	[**kroï**-tsoung']
carrefour giratoire	*der Kreisverkehr*	[**kraïs'**-fèr-kér]
sens unique	*die Einbahnstraße*	[**aïn'**-bân'-chtrâsse']
sens interdit	*Einfahrt verboten*	[**aïn'**-fârt fèr-**bô**ten' |
faites trois kilomètres	*fahren Sie drei Kilometer*	[**fâren'** zîa draï kilo-**mé**ter']
la deuxième à droite	*die zweite rechts*	[dî **tsvaïte'** **rèh**ts]
la première à gauche	*die erste links*	[dî **èrste'** links']
l'autoroute à péage	*die Maut- straße*	[maout'- **chtrâ**sse'
route non revêtue	*unbefestigte Straße*	[**oun**-be-fèstikte' **chtrâ**sse']
rue piétonne	*die Fußgängerzone*	[**fouss**-guènguer'- tsône']

Location – *Autoverleih*

Je voudrais louer une voiture.
Ich möchte ein Auto mieten.
[i**h mœh**te' aïn' **ao**utô **mî**ten']

En avez-vous à transmission automatique?
Haben Sie eins mit Automatik?
[hâben' zî aïns' mit' aouto-**mâtik**']

En avez-vous à embrayage manuel?
Haben Sie eins mit Gangschaltung?
[hâben' zî aïns' mit' **gang**'-chaltoung]

Quel est le tarif pour une journée?
Was ist der Tagestarif?
[vas' ist dér **tâ**gues'-tarîf]

Quel est le tarif pour une semaine?
Was ist der Wochentarif?
[vas' ist dér **vo**hen-tarîf]

Est-ce que le kilométrage est inclus?
Ist die Kilometeranzahl im Preis inbegriffen?
[ist dî kilo-**mé**ter-an'-tsâl im praïs **in**'-be'-griffen']

Combien coûte l'assurance?
Was kostet die Versicherung?
[vas' **kos**tet' dî fèr-**zi**heroung']

Y a-t-il une franchise collision?
Gibt es eine Unfallhaftung?
[gîpt ès' **aï**ne' **oun**'-fall-haftoung']

J'ai une réservation.
Ich habe reserviert.
[ih **hâ**be' rézèr**vîrt**']

J'ai un tarif confirmé par le siège social.
Der Tarif wurde mir vom Hauptbüro bestätigt.
[der tar**if vour**de' mîr fom **haoupt**-burô bé-**chtêt**ikt]

Mécanique – *Mechanik*

antenne	*die Antenne*	[ant**è**nne']
antigel	*das Frostschutz-mittel*	[**frost**-chouts-mittel']
avertisseur	*die Hupe*	[ho**û**pe']
boîte à gants	*das Handschuhfach*	[**hant**'-choû-fa**rh**]
cassette	*die Kassette*	[kass**è**te']
chauffage	*die Heizung*	[ha**ï**-tsoung']
clé	*der Schlüssel*	[**chlu**ssel']
clignotants	*der Blinker*	[**blin**ker']
climatisation	*die Klimaanlage*	[kl**î**ma-anl**â**gue']
coffre	*der Kofferraum*	[**koff**er'-raoum']
démarreur	*der Anlasser*	[**an**'-lasser']
diesel	*Diesel*	[d**î**zel]
eau	*das Kühlwasser*	[k**û**l'-vasser']
embrayage	*die Kupplung*	[**koupp**-loung']
essence	*das Benzin*	[b**è**nts**î**n]
essence sans plomb	*Bleifrei*	[**bla**ï-fra**ï**]
essuie-glace	*Scheibenwischer (m.)*	[**cha**ïben'-vicher']
filtre à huile	*der Ölfilter*	[**eul**-filter']
frein à main	*die Handbremse*	[**hant**'-br**è**mze']
freins	*die Bremse*	[**br**è**mze']

fusibles	*die Sicherung*	[zi̲heroung]
glaces électriques	*elektrische Fenster*	[élèktriche' fènster']
huile	*das Öl*	[eul']
levier de changement de vitesse	*der Schalt-knüppel*	[chalt-knuppel']
pare-brise	*die Windschutz-scheibe*	[vint'-chouts-chaïbe']
pare-chocs	*die Stoßstange*	[chtôss-chtangue']
pédale	*das Pedal*	[pédâl]
phare	*der Scheinwerfer*	[chaïn'-vèrfer']
pneu	*der Reifen*	[raïfen']
portière avant	*die Vordertür*	[forder'-tûr']
portière arrière	*die Hintertür*	[hinter'-tûr]
radiateur	*die Heizung*	[haïtsoung]
radio	*das Radio*	[râdîyô]
rétroviseur	*der Rückspiegel*	[rukk-chpîguel']
serrure	*das Schloss*	[chloss]
siège	*der Sitz*	[zits]
témoin lumineux	*das Warnlicht*	[varn'-li̲ht]
toit ouvrant	*das Schiebedach*	[chîbe'-dar̲h]
ventilateur	*die Lüftung*	[luftoung']
volant	*das Steuer*	[chtoïyer']

der Anlasser	**démarreur**	[**an**'-lasser']
die Antenne	**antenne**	[antènne']
das Benzin	**essence**	[bèntsîn]
Bleifrei	**essence sans plomb**	[blaï-fraï]
der Blinker	**clignotants**	[**blin**ker']
die Bremse	**freins**	[brèmze']
Diesel	**diesel**	[dîzel]
das Frostschutz-mittel	**antigel**	[**frost**-chouts-mittel']
die Handbremse	**frein à main**	[**hant**-brèmze']
das Handschuhfach	**boîte à gants**	[**hant**-choû-fa<u>rh</u>]
die Heizung	**chauffage/ radiateur**	[**haï**tsoung']
die Hupe	**avertisseur**	[hoûpe']
die Hintertür	**portière arrière**	*[hinter'-tûr]*
die Kassette	**cassette**	[kassète']
die Klimaanlage	**climatisation**	[**klî**ma-anlâgue']
der Kofferraum	**coffre**	[**koffer**'-raoum']
das Kühlwasser	**eau**	[**kûl**-vasser']
die Kupplung	**embrayage**	[**koupp**-loung']
die Lüftung	**ventilateur**	[**luf**toung']
elektrische Fenster	**glaces électriques**	[**élèk**triche' fènster']
das Öl	**huile**	[eul']
der Ölfilter	**filtre à huile**	[**eul**-filter']

das Pedal	pédale	[pédâl]
das Radio	radio	[râdyô]
der Reifen	pneu	[raïfen']
der Rückspiegel	rétroviseur	[rukk-chpîguel']
der Schalt-	levier	[chalt-
knüppel	de changement	knuppel']
	de vitesse	
die Stoßstange	pare-chocs	[chtôss-chtangue']
Scheibenwischer	essuie-glace	[chaïben'-vicher']
der Scheinwerfer	phare	[chaïn'-vèrfer']
das Schiebedach	toit ouvrant	[chîbe'-da<u>rh</u>]
das Schloss	serrure	[chloss]
der Schlüssel	clé	[chlussel']
die Sicherung	fusibles	[zi<u>h</u>eroung]
der Sitz	siège	[zits]
das Steuer	volant	[chtoïyer']
die Vordertür	portière avant	[forder'-tûr']
das Warnlicht	témoin lumineux	[varn'-li<u>h</u>t]
die Windschutzscheibe	pare-brise	[vint'-chouts-chaïbe']

Faire le plein – *Volltanken*

Le plein, s'il vous plaît.
Bitte volltanken.
[bitte' **foll**-tanken']

Mettez-en pour 50 euros/francs suisses.
Tanken Sie auf 50 Euros/Schweizer Franken.
64 [**tan**ken' zî aouf **funf**tsik oïrôs]

S'il vous plaît, vérifiez la pression des pneus.
Bitte prüfen Sie den Luftdruck nach.
[bitte' prûfen' zî dén' **louft**-drouk **nârh**]

Acceptez-vous les cartes de crédit?
Akzeptieren Sie Kreditkarten?
[aktsèpt**î**ren' zî kré**dit'**-karten']

LA SANTÉ – *DIE GESUNDHEIT*

hôpital	*das Krankenhaus*	[**kran**ken'-haous']
pharmacie	*die Apotheke*	[apôté**ke'**]
médecin	*der Arzt*	[artst]
dentiste	*der Zahnarzt*	[**tsân'**-artst]
J'ai mal...	*Mir tut ... weh*	[mîr toût' ... vé]
à l'abdomen	*der Unterleib*	[**oun**ter'-laïp]
aux dents	*der Zahn*	[tsân']
au dos	*der Rücken*	[**ruk**ken']
à la gorge	*der Hals*	[halts]
au pied	*der Fuß*	[foûss]
à la tête	*der Kopf*	[kopf]
au ventre	*der Bauch*	[baou<u>h</u>]
Je suis constipé.	*Ich habe Verstopfung.*	[i<u>h</u> **hâ**be' fèr-**chto**pfoung]
J'ai la diarrhée.	*Ich habe Durchfall.*	[i<u>h</u> **hâ**be' dour<u>h</u>-fall]

?

Je fais de la fièvre.	*Ich habe Fieber.*	[ih **hâ**be' **fi**ber']
Mon enfant fait de la fièvre.	*Mein Kind hat Fieber.*	[maïn' kint' hat **fi**ber']
J'ai la grippe.	*Ich habe die Grippe.*	[ih **hâ**be' dî **gri**ppe']

Je voudrais renouveler cette ordonnance.
Ich möchte dieses Rezept erneuern.
[ih **mœh**te' **di**zes' ret**sèpt** èr-**no**ïyern']

Avez-vous des médicaments contre le mal de tête?
Haben Sie ein Medikament gegen Kopfschmerzen?
[**hâ**ben zî aïn' médi**kâ**ment' **gué**guen kopf-**chmèr**tsen']

Avez-vous des médicaments contre la grippe?
Haben Sie ein Medikament gegen Grippe?
[**hâ**ben zî aïn' médika**ment' gué**guen **gri**ppe']

Je voudrais...	*Ich möchte ...*	[ih **mœh**te']
des préservatifs	*Kondome*	[kon**dô**me']
de la crème solaire	*Sonnencreme*	[**zon**nen-crème']
un insectifuge	*Insektenschutzmittel*	[in**zèk**ten-chouts-mittel']
un collyre	*Augenwasser*	[**aou**guen'-vasser']
du baume pour les piqûres d'insecte	*eine Salbe für Insektenstiche*	[aïne' **zal**be' fûr in'-**zèk**ten'-chti**he**']
une solution nettoyante pour verres de contact souples (durs)	*eine Reinigungs-Lösung für weiche (harte) Kontaktlinsen*	[aïne' **raï**nigoungs' leuzoung fûr **vaï**he' (harte') kon**takt**'-linzen']

URGENCES – *NOTFÄLLE*

Au feu!	*Feuer!*	[**foï**yer']
Au secours!	*Hilfe!*	[**hil**fe']
Au voleur!	*Hilfe, Überfall!*	[**hil**fe', **ûber'**-fall]

On m'a agressé.
Man hat mich überfallen.
[man' hat mi<u>h</u> ûber'-**fal**len']

On m'a volé.
Man hat mich bestohlen.
[man' hat mi<u>h</u> be'-**cht**ôlen']

Pouvez-vous appeler la police? l'ambulance?
Können Sie die Polizei/den Krankenwagen rufen?
[**kœn**nen' zî dî poli**tsaï**/dén' **kran**ken'-vâguen' **rû**fen']

Où est l'hôpital?
Wo ist das Krankenhaus?
[vô ist das **kran**ken'-haous']

Pouvez-vous me conduire à l'hôpital?
Können Sie mich zum Krankenhaus fahren?
[**kœn**nen' zî mi<u>h</u> tsoum **kran**ken'-haous **fâ**ren']

On a volé nos bagages dans la voiture.
Man hat uns das Gepäck aus dem Auto gestohlen.
[mann hat' ouns' das' gue**pèk** aous dém **aou**tô gue'-**cht**ôlen]

On a volé mon portefeuille.
Man hat mein Portemonnaie gestohlen.
[mann hat' maïn' porte-monnaie gue'-**cht**ôlen']

Ils avaient une arme.
Sie waren bewaffnet.
[zî **w**âren' be'-**vaff**net']

Ils avaient un couteau.
Sie hatten ein Messer.
[zî **hat**ten' aïn' **mès**ser]

L'ARGENT – *DAS GELD*

banque	*die Bank*	[bank']
bureau de change	*die Wechselstube*	[**vèk**sel'-chtoûbe']

Quel est le taux de change pour le dollar canadien?
Was ist der Wechselkurs für den kanadischen Dollar?
[vas' ist dér **vèk**sel-kours' fûr dén ka**nâ**dichen' dollar]

dollar américain	*der amerikanische Dollar*	[améri**kâ**niche' dollar]
euro	*der Euro*	[**oï**rô]
franc suisse	*der Schweizer Franken*	[**chva**ïtser' **fran**ken']

Je voudrais changer des dollars américains (canadiens).
Ich möchte amerikanische (kanadische) Dollar umtauschen.
[i̱h **mœh**te' améri**kâ**niche' (ka**nâ**diche') **dol**lar **oum**'-taouchen']

Je voudrais encaisser des chèques de voyage.
Ich möchte Reiseschecks einlösen.
[ih **mœh**te' **raïze**'-chèks aïn'-leuzen']

Je voudrais obtenir une avance de fonds sur ma carte de crédit.
Ich möchte einen Vorschuss auf meine Kreditkarte haben.
[ih **mœh**te' aïnen' **fôr**'-chouss aouf **maï**ne' kré**dit**'-karte' **hâ**ben']

Où peut-on trouver un guichet automatique (un distributeur de billets)?
Wo finde ich einen Geldautomaten?
[vô **fin**de' ih aïnen' **gèlt**-aoutô-mâten']

POSTE ET TÉLÉPHONE – *POST UND TELEFON*

courrier rapide	*die Eilpost*	[**aïl**'-post']
par avion	*mit Luftpost*	[mit **louft**-post']
poids	*das Gewicht*	[gue'-**viht**]
timbre	*die Briefmarke*	[**brîf**-marke']

Où se trouve le bureau de poste?
Wo ist die Post?
[vô ist dî post']

Combien coûte l'affranchissement d'une carte postale pour le Canada?
Was ist das Porto für eine Postkarte nach Kanada?
[vas' ist das **por**tô fûr aïne' **post**-karte' nâ**rh ka**nadâ]

Combien coûte l'affranchissement d'une lettre pour le Canada?
Was ist das Porto für einen Brief nach Kanada?
[vas' ist das **por**tô fûr **a**ïnen' brîf nâ**rh ka**nadâ]

Où se trouve le bureau des téléphones?
Wo gibt es öffentliche Telefone?
[vô gîpt ès' **œ**ffent-li**h**e' télé**fô**ne']

Où se trouve la cabine téléphonique la plus près?
Wo ist die nächste Telefonzelle?
[vô ist dî **nêh**ste' télé**fôn'**-tsèlle']

Que faut-il faire pour placer un appel local?
Wie macht man ein Ortsgespräch?
[vî ma**rh**t man' aïn' **orts**-gue'-chprê**h**]

Que faut-il faire pour appeler au Canada?
Wie macht man ein Ferngespräch nach Kanada?
[vî ma**rh**t man' aïn' **fèrn**-gue-chprê**h** nâ**rh ka**nadâ]

Je voudrais acheter une carte de téléphone.
Ich möchte eine Telefonkarte kaufen.
[i**h mœh**te' aïne' télé**fôn'**-karte' **kaou**fen']

J'aimerais avoir de la monnaie pour téléphoner.
Ich brauche Kleingeld zum Telefonieren.
[i**h braourh**e' **klaïn'**-guèlt tsoum téléfô**nî**ren']

Comment les appels sont-ils facturés à l'hôtel?
Wie werden Telefongespräche im Hotel verrechnet?
[vî **vèr**den' télé**fôn**-guechprê**h**e' im hô**tèl** fèr-**rèh**net']

J'appelle Canada Direct, c'est un appel sans frais.
Telefongespräche über "Canada Direct" sind kostenlos.
[téléfôn'-gue-chprêhe' ûber' kanadâ dirèkt zint' kosten'-lôs']

Je voudrais envoyer un fax.
Ich möchte ein Fax schicken.
[ih mœhte' aïn' faks chikken']

Avez-vous reçu un fax pour moi?
Haben Sie ein Fax für mich bekommen?
[hâben' zî aïn' faks fûr mih be-kommen']

ÉLECTRICITÉ – *ELEKTRIZITÄT*

Où puis-je brancher mon rasoir?
Wo kann ich meinen Rasierapparat einstecken?
[vô kann ih maïnen' razîr-apparât aïn'-chtèkken']

L'alimentation est-elle de 220 volts?
Ist die Spannung 220 Volt?
[ist dî chpanoung tsvaï-houndert-tsvantsik volt]

La lampe ne fonctionne pas.
Die Lampe funktioniert nicht.
[dî lampe' founktsyônîrt' niht]

Où puis-je trouver des piles pour mon réveille-matin?
Wo kann ich Batterien für meinen Wecker finden?
[vô kann ih batérîen fûr maïnen' vèkker' finden']

Est-ce que je peux brancher mon ordinateur ici?
Kann ich meinen Computer hier einstecken?
[kann ih maïnen' kompyoûter' hîr aïn'-chtèkken']

Y a-t-il une prise téléphonique pour mon ordinateur?
Gibt es einen Telefonanschluss für meinen Computer?
[gîpt ès' **aï**nen' télé**fôn**-an'-chlouss fûr **maï**nen' kom**pyoû**ter']

LA MÉTÉO – *DAS WETTER*

la pluie	*der Regen*	[**ré**guen']
le soleil	*die Sonne*	[**zo**nne']
le vent	*der Wind*	[vint']
la neige	*der Schnee*	[chné]
Il fait chaud.	*Es ist heiß.*	[ès' ist haïss]
Il fait froid.	*Es ist kalt.*	[ès' ist kalt']
ensoleillé	*sonnig*	[**zo**nnik]
nuageux	*bewölkt*	[be'-**vœlkt**]
pluvieux	*regnerisch*	[**rég**'nerich]
Est-ce qu'il pleut?	*Regnet es?*	[**rég**'net ès']
Va-t-il pleuvoir?	*Wird es regnen?*	[virt ès' **rég**'nen']
Prévoit-on de la pluie?	*Ist Regen vorausgesagt?*	[ist **ré**guen' fôr**aous**-gue-**zâkt**]

der Regen	**la pluie**	[**ré**guen']
die Sonne	**le soleil**	[**zo**nne']
der Wind	**le vent**	[vint']
der Schnee	**la neige**	[chné]
Es ist heiß.	**Il fait chaud.**	[ès' ist haïss]
Es ist kalt.	**Il fait froid.**	[ès' ist kalt]

sonnig	**ensoleillé**	[**zo**nnik]
bewölkt	**nuageux**	[bev**œl**kt]
regnerisch	**pluvieux**	[**rég**'nerich]
Regnet es?	**Est-ce qu'il pleut?**	[**rég**'net' ès']
Wird es regnen?	**Va-t-il pleuvoir?**	[virt ès' **rég**'nen']
Ist Regen vorausgesagt?	**Prévoit-on de la pluie?**	[ist réguen' fôraous-gue**zâk**t]

Quel temps fera-t-il aujourd'hui?
Wie wird das Wetter heute?
[vî virt das **vèt**ter' hoïte']

Comme il fait beau!
Was für ein herrliches Wetter!
[vas' fûr aïn' **hèrr-li**hes' **vèt**ter']

Comme il fait mauvais!
Was für ein schreckliches Wetter!
[vas' fûr aïn' **chrèkk-li**hes' **vèt**ter']

FÊTES ET FESTIVALS –
FEST UND FEIERTAGE

le jour de Noël	*Weihnachtstag*	[**èr**ster' **vaï**-na<u>r</u>hts-tâk]
le 26 décembre	*Weihnachtstag*	[**tsvaï**ter' **vaï**-na<u>r</u>hts-tâk]
le jour de l'An	*Neujahrstag*	[**noï**-yâr]
le jour des Rois	*Heilige Drei Könige*	[**haï**ligue' draï **keu**nigue']
le lundi du Carnaval	*Rosenmontag*	[**rô**zen'-**môn'**-tâk]
le Mardi gras	*Fastnacht*	[**fast**-na<u>r</u>ht]

le mercredi des Cendres	*Aschermittwoch*	[acher'-**mitt-vo**rh]
le Vendredi saint	*Karfreitag*	[kâr-**fraï**-tâk]
Pâques	*Ostern*	[ô-stern']
Pentecôte	*Pfingsten*	[pfinksten']
la Fête-Dieu	*Fronleichnam*	[frôn'-**laïh**-nâm']
la fête des Mères	*Muttertag*	[**mou**tter'-tâk]
la fête des Pères	*Vatertag*	[**fâ**ter'-tâk]
la fête du Travail	*der erste Mai*	[dér **è**rste' maï]
l'Ascension	*Christi Himmelfahrt*	[kristî **himmel**'-fârt']
l'Assomption	*Mariä Himmelfahrt*	[marîya **himmel**'-fârt']
l'Action de grâce	*Erntedankfest*	[**è**rnte'-**dank**-fèst]
la Fête nationale allemande (3 octobre)	*Tag der deutschen Einheit (3.10.)*	[tâk dér' **doï**tchen' **aïn**'-haït']
la Toussaint	*Allerheiligen*	[aller'-**haï**liguen']

◆ ◆ ◆

Weihnachtstag	**le jour de Noël**	[**è**rster' **vaï**-na**r**hts-tâk]
Weihnachtstag	**le 26 décembre**	[**tsvaï**ter' **vaï**-na**r**hts-tâk]
Neujahr	**le jour de l'An**	[**noï**-yâr]
Heilige Drei Könige	**le jour des Rois**	[**haï**ligue' draï **keu**nigue']
Rosenmontag	**le lundi du Carnaval**	[rôzen'-**môn**'-tâk]
Fastnacht	**le Mardi gras**	[**fast**-na**r**ht]
Aschermittwoch	**le mercredi des Cendres**	[acher'-**mitt-vo**rh]

Karfreitag	**le Vendredi saint**	[kâr-**fraï**-tâk]
Ostern	**Pâques**	[ô-stern']
Pfingsten	**Pentecôte**	[pfinksten']
Fronleichnam	**la Fête-Dieu**	[frôn'-**laïh**-nâm']
Muttertag	**la fête des Mères**	[**moutter**'-tâk]
Vatertag	**la fête des Pères**	[**fâter**'-tâk]
der erste Mai	**la fête du Travail**	[dér èrste' **maï**]
Christi Himmelfahrt	**l'Ascension**	[kristî **himmel**'-fârt']
Mariä Himmelfahrt	**l'Assomption**	[marîya **himmel**'-fârt']
Erntedankfest	**l'Action de grâce**	[**èrnte**'-**dank**-fèst]
Tag der deutschen Einheit (3.10.)	**la Fête nationale allemande (3 octobre)**	[tâk dér' **doïtchen**' **aïn**'-haït']
Allerheiligen	**la Toussaint**	[**aller**'-**haïli**guen']

ATTRAITS TOURISTIQUES –
SEHENSWÜRDIGKEITEN

l'aéroport	der Flughafen	[**flûk**-hâfen']
la cathédrale	die Kathedrale der Dom	[katé**drâle**' / dôm']
le château	das Schloss	[chloss]
le centre-ville	das Stadt- zentrum	[**chtat**- tsèntroum]
le centre historique	die Altstadt	[**alt**-chtatt]
l'édifice	das Gebäude	[gue'-**boïde**']
l'église	die Kirche	[**kir**he']
la gare ferroviaire	der Bahnhof	[**bân**'-hôf']
la gare routière	der Busbahnhof	[**bous**'-bân'-hôf]
la forteresse	die Burg	[bourk']
le funiculaire	die Seilbahn	[**zaïl**'-bân']
l'hôtel de ville	das Rathaus	[**rât**-haous]
la fontaine	der Brunnen	[**broun**nen']
le lac	der See	[zé]
la maison	das Haus	[haous']
le manoir	das Herrenhaus	[**hèr**ren-haous]
le marché	der Marktplatz	[**markt**-plats]
la mer	das Meer	[mér']

le monastère	das Kloster	[**klô**ster']
le monument	das Denkmal	[**dènk**-mâl']
le mur de Berlin	die Berliner Mauer	[bèr**lî**ner' **maou**er']
le musée	das Museum	[moû**zéoum**']
le palais de justice	der Justizpalast	[yous**tîts**-palast]
le parc	der Park	[park]
le parc d'attractions	der Vergnüngungs-park	[fèr-**gnû**goungs-park]
la piscine	das Schwimmbad	[**chvim**-bât]
la place centrale	der Hauptplatz	[**haoupt**-plats]
la plage	der Strand	[**chtrant**']
le pont	die Brücke	[**brukk**e']
le port	der Hafen	[**hâf**en']
la promenade	die Promenade	[prome**nâd**e']
la rivière	der Fluss	[**flouss**]
les ruines	die Ruinen	[**roû**înen']
le stade	das Stadion	[**stâd**îyon']
la statue	die Statue	[**chtâ**toue']
le téléférique	die Zahnradbahn	[**tsân**'-**rât**'-bân']
le théâtre	das Theater	[**téât**er']
le tunnel	der Tunnel	[**tou**nnel']
le vieux port	der alte Hafen	[alte' **hâf**en']
le zoo	der Zoo	[**tsô**]

Attraits touristiques

	◆ ◆ ◆	
die Altstadt	**le centre historique**	[**alt**-chtatt]
der Bahnhof	**la gare ferroviaire**	[**bân**'-hôf']
die Berliner Mauer	**le mur de Berlin**	[bèr**lîner**' **maou**er']
die Brücke	**le pont**	[**bruk**ke']
der Brunnen	**la fontaine**	[**broun**nen']
der Busbahnhof	**la gare routière**	[**bous**'-bân'-hôf]
die Burg	**la forteresse**	[bourk']
das Denkmal	**le monument**	[**dènk**-mâl']
der Dom	**la cathédrale**	dôm']
der Flughafen	**l'aéroport**	[**flûk**-hâfen']
der Fluss	**la rivière**	[flouss]
das Gebäude	**l'édifice**	[gue'-**boï**de']
der Hafen	**le port**	[**hâ**fen']
der alte Hafen	**le vieux port**	[**al**te' **hâ**fen']
der Hauptplatz	**la place centrale**	[**haoupt**-plats]
das Haus	**la maison**	[**haous**']
das Herrenhaus	**le manoir**	[**hèr**ren-haous /
der Justizpalast	**le palais de justice**	[yous**tîts**-palast]
die Kathedrale	**la cathédrale**	[katé**drâ**le' /
die Kirche	**l'église**	[**kir**<u>h</u>e']
das Kloster	**le monastère**	[**klô**ster']
der Marktplatz	**le marché**	[**markt**-plats]
das Meer	**la mer**	[mér']
das Museum	**le musée**	[moû**zé**oum']

der Park	**le parc**	[park]
die Promenade	**la promenade**	[promenâde']
das Rathaus	**l'hôtel de ville**	[rât-haous]
die Ruinen	**les ruines**	[roûînen']
das Schloss	**le château**	[chloss]
das Schwimmbad	**la piscine**	[chvim-bât]
der See	**le lac**	[zé]
die Seilbahn	**le funiculaire**	[zaïl'-bân']
das Stadion	**le stade**	[stâdîyon']
das Stadt-zentrum	**le centre-ville**	[chtat-tsèntroum]
die Statue	**la statue**	[chtâtoue']
der Strand	**la plage**	[chtrant']
das Theater	**le théâtre**	[téâter']
der Tunnel	**le tunnel**	[tounnel']
der Vergnügungs-park	**le parc d'attractions**	[fèr-gnûgoungs-park]
die Zahnradbahn	**le téléférique**	[tsân'-rât'-bân']
der Zoo	**le zoo**	[tsô]

AU MUSÉE – *IM MUSEUM*

anthropologie	die Anthropologie	[antrôpôlôguî]
antiquités	die Antiquitäten	[antikvîtêten']
archéologie	die Archäologie	[arhèyôlôguî]
architecture	die Architektur	[arhitèktoûr]
art	die Kunst	[kounst']

art africain	*Afrikanische Kunst*	[afrikâniche' kounst]
art asiatique	*Asiatische Kunst*	[aziyâtiche' kounst]
Art déco	*Art déco*	[âr dékô]
Art nouveau	*der Jugendstil*	[yoûguent'-chtîl]
art contemporain	*die zeitgenössische Kunst*	[**tsaït**-guenœssiche' kounst]
art moderne	*Moderne Kunst*	[môdèrne' kounst]
arts décoratifs	*Angewandte Künste*	[**an'**-guevante' kunste']
baroque	*das Barock*	[bârokk]
collection permanente	*die ständige Sammlung*	[**chtèn**digue' **zam**loung]
exposition temporaire	*die Sonder- ausstellung*	[**zon**der'- **aous'**-chtèloung]
impressionnisme	*der Impressionismus*	[imprèssyô**nis**mous']
Moyen Âge	*das Mittelalter*	[**mittel**-alter']
nature morte	*das Stillleben*	[**still'**-lében']
peinture	*das Gemälde*	[guemèlde']
Renaissance	*die Renaissance*	[renais**sance**]
sculpture	*die Skulptur*	[skoulp**toûr'**]
XIXe siècle	*das 19. (neunzehnte) Jahrhundert*	[**noïn**-tsénte' yâr-houndert]
XXe siècle	*das 20. (zwanzigste) Jahrhundert*	[**tsvant**sikste' yâr-**houn**dert]
XXIe siècle	*das 21. (einund- zwanzigste) Jahrhundert*	[aïn'-ount-**tsvan**zikste yâr-**houn**dert]

◆ ◆ ◆

Afrikanische Kunst	**art africain**	[afrik**â**niche' kounst]
Angewandte Künste	**arts décoratifs**	[**an**'-guevante' kunste']
die Anthropologie	**anthropologie**	[antrôpôlô**guî**]
die Antiquitäten	**antiquités**	[antikvît**ê**ten']
die Archäologie	**archéologie**	[ar<u>h</u>èyôlô**guî**]
die Architektur	**architecture**	[ar<u>h</u>itèk**toûr**]
Art déco	**Art déco**	[âr dék**ô**]
Asiatische Kunst	**art asiatique**	[aziy**à**tiche' kounst]
das Barock	**baroque**	[bâ**rokk**]
das Gemälde	**peinture**	[guem**è**lde']
der Impressionismus	**impressionnisme**	[imprèssyô**nis**mous']
der Jugendstil	**Art nouveau**	[**yo**ûguent'-cht**î**l]
die Kunst	**art**	[**kounst**']
das Mittelalter	**Moyen Âge**	[**mittel**-alter']
Moderne Kunst	**art moderne**	[mô**dè**rne' kounst]
die Renaissance	**Renaissance**	[renais**sance**]
die Skulptur	**sculpture**	[skoulp**toûr**]
die Sonder- ausstellung	**exposition temporaire**	[**zon**der'- **aous**'-chtèloung]
die ständige Sammlung	**collection permanente**	[**chtèn**digue' **zam**loung]
das Stillleben	**nature morte**	[**still**'-lében']
Zeitgenössische Kunst	**art contemporain**	[**tsaït**-guenœssiche' kounst]
das 19. (neunzehnte) Jahrhundert	**XIXe siècle**	[**noïn**-tsénte' yâr-**houn**dert]

| das 20. (zwanzigste) Jahrhundert | **XX**e **siècle** | [**tsvant**sikste' yâr-**houn**dert] |
| das 21. (einund- zwanzigste) Jahrhundert | **XXI**e **siècle** | [aïn'-ount-**tsvan**tzikste yâr-**houn**dert] |

Où se trouve le centre-ville?
Wo ist das Stadtzentrum?
[vô ist das' **chtat'**-tsèntroum]

Où se trouve la vieille ville?
Wo ist die Altstadt?
[vô ist dî **alt'**-chtat']

Peut-on marcher jusque-là?
Kann man zu Fuß hingehen?
[kann man' tsoû foûss **hin'**-guéhen']

Quel est le meilleur chemin pour se rendre à ...?
Was ist der beste Weg zu (+ Datif) ...?
[vas' ist dér **bès**te' vék tsoû...]

Quelle est la meilleure façon de se rendre à ...?
Wie kommt man am besten zu (+ Datif) ...?
[vî kommt' man' am **bès**ten' tsoû...]

Combien de temps faut-il pour se rendre à ...?
Wie lange braucht man bis zu (+ Datif) ...?
[vî **lan**gue' braou**rht'** man' bis' tsoû...]

Où prend-on le bus pour le centre-ville?
Wo hält der Bus zum Stadtzentrum?
[vô hèlt' dér bous' tsoum **chtat**-tsèntroum]

Y a-t-il une station de métro près d'ici?
Ist eine U-Bahn-Station hier in der Nähe?
[ist aïne' où-bân'-chatsyôn in' dér nêhe']

Avez-vous un plan de la ville?
Haben Sie einen Stadtplan?
[hâben' zî aïnen' chtat'-plân']

Je voudrais un plan avec index.
Ich möchte einen Stadtplan mit Index.
[ih mœhte' aïnen' chtat'-plân' mit indèks]

Combien coûte l'entrée?
Was kostet der Eintritt?
[vas' kostet' dér aïn'-tritt]

Y a-t-il un tarif étudiant / pour les personnes du troisième âge?
Gibt es einen Studententarif / Seniorentarif?
[gîpt ès' aïnen' chtoûdènten'-tarîf / zényôren'-tarîf]

Les enfants doivent-ils payer?
Müssen Kinder Eintritt zahlen?
[mussen' kinder' aïn'-tritt tsâlen']

Quel est l'horaire du musée?
Was sind die Öffnungszeiten vom Museum?
[vas zint dî œffnoungs-tsaïten' fom' moûzéoum]

Avez-vous de la documentation sur le musée?
Haben Sie Prospekte vom Museum?
[hâben' zî prospèkte' fom' moûzéoum]

Est-il permis de prendre des photos?
Darf man fotografieren?
[darf man' fôtô-grafiren']

Où se trouve le vestiaire?
Wo ist die Garderobe?
[vô ist dî guarderôbe']

Y a-t-il un café?
Gibt es eine Cafeteria?
[gîpt ès' aïne' kafétérîya]

Où se trouve le tableau de...?
Wo ist das Gemälde von...?
[vô ist das' guemèlde' fon']

À quelle heure ferme le musée?
Um wieviel Uhr schließt das Museum?
[oum vî-fîl oûr' chlîst das' moûzéoum]

ACTIVITÉS DE PLEIN AIR – *FREIZEIT-AKTIVITÄTEN*

Où peut-on pratiquer...?
Wo kann man...?
[vô kann man' ...]

ACTIVITÉS – *AKTIVITÄTEN*

l'équitation	*reiten*	[**raï**ten']
l'escalade	*klettern*	[**klè**ttern']
le badminton	*Badminton spielen*	[**bèd**-minten' chpîlen']
le golf	*Golf spielen*	[golf **chp**îlen']
la moto	*Motorrad fahren*	[motôr-rât **fâ**ren']
la natation	*schwimmen*	[**chvi**mmen']
le parachutisme	*Fallschirm springen*	[**fall**-chirm-chpringuen']
la pêche	*angeln*	[**an**gueln]
la planche à voile	*Wind-Surfen*	[**vint'**-sœrfen']
la plongée (sous-marine)	*(Tiefsee-) tauchen*	[(**tîf'**-zé)-taou<u>r</u>hen']
la plongée-tuba	*Schnorcheln*	[chnor-<u>r</u>heln]
le plongeon	*Tauchen*	[taou<u>r</u>hen']
la randonnée pédestre	*wandern*	[**van**dern']
le ski alpin	*Ski fahren*	[chî **fâ**ren']
le ski de fond	*Langlaufski fahren*	[**lang'**-laouf-chî fâren']
le surf	*surfen*	[**sœr**fen']

le tennis	*Tennis spielen*	[**tèn**nis' chpîlen]
le vélo	*Fahrrad fahren*	[**fâ**rat **fâ**ren']
le vélo de montagne	*Mountain bike fahren*	[**maoun**ten' baïk **fâ**ren]
le volley-ball	*Volleyball spielen*	[**vol**ley-ball **chp**îlen']
la voile	*segeln*	[**zé**gueln]

MATÉRIEL - *AUSRÜSTUNG*

la balle	*der Ball*	[bal']
le ballon	*der Ball*	[bal']
le bateau	*das Boot*	[bôt']
les bâtons de ski	*die Skistöcke*	[**chi**-chtœkke']
les bâtons de golf	*der Golfschläger*	[**golf**-chlêguer']
la bicyclette	*das Fahrrad*	[**fâ**rrat']
la bonbonne d'oxygène	*die Sauerstoffflasche*	[**zaou**er-chtoff-flache']
les bottines	*die Stiefel (m.)*	[**cht**îfel]
la cabine	*die Hütte*	[**hut**te']
la canne à pêche	*die Angel*	[**an**guel']
la chaise longue	*der Liegestuhl*	[**lî**gue'-chtoûl]
le filet	*das Netz*	[nèts]
le masque	*die Maske*	[**mas**ke']
le matelas pneumatique	*die Luftmatraze*	[**louft**-matratse']
les palmes	*die Flossen*	[**flos**sen']
le parasol	*der Sonnenschirm*	[**son**nen'-chirm]

la planche à voile	der Windsurfer	[**vint'**-sœrfer']
la planche de surf	das Surfbrett	[**sœrf**-brèt]
la raquette	der Schläger	[**chlê**guer']
le rocher	der Fels	[fèls]
le sable	der Sand	[zant']
les skis	die Ski	[chî]
le surveillant	der Bademeister	[**bâde**'-maïster']
le voilier	das Segelboot	[**zé**guel'-bôt']

La mer – *Am Meer*

les courants	die Strömung	[**chtreu**moung]
les courants dangereux	gefährliche Strömungen	[gue-**fêr**lihe' **chtreu**moungen]
la marée basse	die Ebbe	[**èbbe**']
la marée haute	die Flut	[floût]
mer calme	stille See	[**chtille** zé]
mer agitée	wilde See	[**vilde**' zé]

HÉBERGEMENT – *UNTERKUNFT*

balcon	*der Balkon*	[bal**kôn**']
bar	*die Bar*	[bâr]
bébé	*das Baby*	[bé**bî**]
boutiques	*Geschäfte (n.)*	[gue'-**chè**fte']
bruit	*der Lärm*	[lèrm]
bruyant	*laut*	[laout']
la cafetière	*die Kaffekanne*	[**ka**ffé-kanne']
calme	*ruhig*	[**rouyk**]
chaîne française	*französischer Sender*	[frant**seu**zicher'] **zé**nder']
chaise	*der Stuhl*	[chtoûl']
chambre avec salle de bain/ avec douche	*das Zimmer mit Bad/ mit Dusche*	[**tsi**mmer mit bât/ mit do**û**che']
avec baignoire	*mit Badewanne*	[mit **bâ**de'-vanne']
chambre pour une personne	*ein Einzelzimmer*	[aïn' **aï**ntsel'- **tsi**mmer']
chambre pour deux personnes	*ein Doppelzimmer*	[aïn' **do**ppel' tsimmer']
le chauffage	*die Heizung*	[**haï**tsoung]
la climatisation	*die Klimaanlage*	[**klî**ma-anlâgue']
le coffret de sûreté	*der Safe*	[sèyf]

le congélateur	der Kühlschrank	[kûl'-chrank]
les couverts	das Besteck	[bechtèk]
une couverture	eine Bettdecke	[bèt'-dèkke']
un couvre-lit	der Bettüberwurf	[bèt'-über-vourf']
cuisinette	eine Kitchenette	[kitchenètt]
divan-lit	ein Schlafsofa	[chlâf-sôfa']
le drap	das Betttuch	[bèt'-toûch]
enfant	das Kind	[kint']
fenêtre	das Fenster	[fènster']
le fer à repasser	das Bügeleisen	[bûguel'-aïzen]
le four à micro-ondes	der Mikrowellen-herd	[mîkro-vèllen'-hèrt]
glaçons	die Eiswürfel (m.)	[aïs'-vurfel']
l'hôtel-appartement	das Hotel-Appartement	[hôtèl-appartement]
intimité	die Privatsphäre	[prîvât-sfère']
le lave-linge	die Waschmaschine	[vach-machîne']
le lave-vaisselle	die Spülmaschine	[chpûl-machine']
lit deux places	das Doppelbett	[éhe'-bètt]
lits jumeaux	getrennte Betten	[gue-trènnte' bètten']
la lumière	das Licht	[liht]
minibar	die Minibar	[minî-bâr]
la nappe	die Tischdecke	[tich-dèkke']
un oreiller	das Kopfkissen	[kopf-kissen']
piscine	das Schwimmbad	[chvim-bât]
la planche à repasser	das Bügelbrett	[bûguel-brètt']

la radio	*das Radio*	[râdyô]
le réfrigérateur	*der Kühlschrank*	[kûl-chrank]
restaurant	*das Restaurant*	[rèstaou**rant**]
les rideaux	*die Vorhänge (m.)*	[fôr-hèngue']
du savon	*die Seife*	[**zaï**fe']
sèche-cheveux	*der Fön*	[feun']
une serviette	*das Handtuch*	[**hant'**-toûr<u>h</u>]
les volets	*die Fensterläden*	[**fèn**ster'-lêden']
studio	*das Studio*	[chtoûdyo]
suite	*die Suite*	[suite]
table	*der Tisch*	[tich]
une taie d'oreiller	*der Kopfkissen-bezug*	[**kopf**-kissen' betsouk]
télécopieur	*das Fax*	[Faks]
téléphone	*das Telefon*	[téléfôn]
télévision	*der Fernseher*	[**fèrn**-zéher']
le tire-bouchon	*der Korkenzieher*	[**kor**ken'-tsîher']
la vaisselle	*das Geschirr*	[gue**chirr**]
le ventilateur	*die Lüftung*	[**luf**toung]
vue sur la mer	*Blick aufs Meer*	[blik' aoufs mér']
vue sur la ville	*Blick auf die Stadt*	[blik' aouf dî chtat]
vue sur la montagne	*Blick auf den Berg*	[blik' aouf dén **bèr**k']
Y a-t-il...	*Gibt es...*	[gîpt ès'...]
une piscine?	*ein Schwimmbad?*	[**chvim**-bât]
un gymnase?	*Einen Fitnessraum?*	[**fit**ness-raoum]

Commodités

93

un court de tennis?	*einen Tennisplatz?*	[**tè**nnis-plats]
un terrain de golf?	*einen Golfplatz?*	[**golf**-plats]
une marina?	*eine Marina?*	[ma**rî**nâ]

Avez-vous une chambre libre pour cette nuit?
Haben Sie ein freies Zimmer für heute Nacht?
[**hâ**ben' zî aïn' **fraïes**' **tsi**mmer' fûr **hoï**te' na<u>rh</u>t]

Quel est le prix de la chambre?
Was kostet eine Übernachtung?
[vas' **kos**tet' **aï**ne' **ûber**'-na<u>rh</u>toung']

La taxe est-elle comprise?
Ist die Mehrwertsteuer im Preis inbegriffen?
[ist' dî **mér**-vèrt-chtoïyer' im praïs' **in'**-begriffen']

Nous voulons une chambre avec salle de bain.
Wir möchten ein Zimmer mit Bad.
[vîr **mœh**ten' aïn' **tsi**mmer' mit' bât']

Le petit déjeuner est-il compris?
Ist Frühstuck im Preis inbegriffen?
[ist **frû**-chtûk' im praïs' **in'**-begriffen']

Avez-vous des chambres moins chères?
Haben Sie günstigere Zimmer?
[**hâ**ben' zî **guns**tîguere' **tsi**mmer']

Pouvons-nous voir la chambre?
Können wir das Zimmer sehen?
[**kœn**nen' vîr das' **tsi**mmer' **zé**hen']

Je la prends.
Ich nehme es.
[ih **né**me' ès']

J'ai une réservation au nom de...
Ich habe reserviert auf den Namen...
[ih **hâ**be' rézér**vîrt** aouf dén **nâ**men'...]

On m'a confirmé le tarif de...
Mir wurde der Preis von ... bestätigt.
[mîr **vour**de' dér' praïs' fon' ... be'-**cht**êtikt]

Est-ce que vous acceptez les cartes de crédit?
Akzeptieren Sie Kreditkarten?
[akzsèp**tî**ren zî kré**dit'**-karten']

Est-il possible d'avoir une chambre plus calme?
Ist es möglich, ein ruhigeres Zimmer zu haben?
[ist ès' **meug**-lih aïn' **rouy**gueres **tsi**mmer' tsou **hâ**ben']

Où pouvons-nous garer la voiture?
Wo können wir das Auto parken?
[vô **kœn**nen' vîr das' **aou**tô **par**ken']

Quelqu'un peut-il nous aider à monter nos bagages?
Kann uns jemand mit dem Gepäck helfen?
[kann ouns' **yé**mant' mit' dém gue**pèk** **hèl**fen']

À quelle heure devons-nous quitter la chambre?
Um wieviel Uhr müssen wir das Zimmer räumen?
[oum **vî**-**fîl** oûr **mu**ssen' vîr das' **tsi**mmer' **roï**men']

Peut-on boire l'eau du robinet?
Kann man das Leitungswasser trinken?
[kann man' das' **lai**toungs-vasser' **trin**ken']

De quelle heure à quelle heure le petit déjeuner est-il servi?
Von wann bis wann gibt es Frühstück?
[fon' van' bis' van' gîpt ès' **frû**-chtuk']

Pourrions-nous changer de chambre?
Können wir das Zimmer wechseln?
[**kœn**nen' vîr das' **tsi**mmer' **vèk**seln]

Nous voudrions une chambre avec vue sur la mer.
Wir möchten ein Zimmer mit Meerblick.
[vîr **mœh**ten' aïn' **tsi**mmer mit **mér**-blik']

Est-ce que nous pouvons avoir deux clés?
Können wir zwei Schlüssel haben?
[**kœn**nen' vîr tsvaï **chlu**ssel' **hâ**ben']

De quelle heure à quelle heure la piscine est-elle ouverte?
Von wann bis wann ist das Schwimmbad geöffnet?
[fon' van' bis' van' ist das' **chvim**-bât' gue-**œff**net']

Où pouvons-nous prendre des serviettes pour la piscine?
Wo bekommen wir Handtücher für das Schwimmbad?
[vô be-**ko**mmen' vîr **hant'**-tû_h_er' fûr das' **chvim**-bât']

Y a-t-il un bar à la piscine?
Gibt es eine Bar beim Schwimmbad?
[gîbt ès' **aï**ne' bâr baïm **chvim**-bât']

Quelles sont les heures d'ouverture du gymnase?
Was sind die Öffnungszeiten vom Fitnessraum?
[vas zint dî **œff**noungs-tsaïten' fom' **fit**ness-raoum]

Y a-t-il un coffret de sûreté dans la chambre?
Gibt es einen Safe im Zimmer?
[gîpt ès' aïnen' sayf im tsimmer']

Pouvez-vous me réveiller à ...?
Können Sie mich um ...Uhr wecken?
[kœnnen' zî mih oum ... oûr vèkken']

La climatisation ne fonctionne pas.
Die Klimaanlage funktioniert nicht.
[dî klîma-anlâgue' founktyônîrt niht]

La cuvette des toilettes est bouchée.
Die Toilette ist verstopft.
[dî toilette' ist fèr-chtopft]

Il n'y a pas de lumière.
Das Licht funktioniert nicht.
[das liht founktyônîrt niht]

Puis-je avoir la clé du coffret de sûreté?
Kann ich den Schlüssel vom Safe haben?
[kann ih den chlussel' fom sèyf hâben']

Le téléphone ne fonctionne pas.
Das Telefon funktioniert nicht.
[das téléfôn founktyônîrt niht]

Avez-vous des messages pour moi?
Gibt es Nachrichten für mich?
[gîpt ès' nârh-rihten' fûr mih]

Avez-vous reçu un fax pour moi?
Ist ein Fax für mich gekommen?
[ist aïn' **faks** fûr mih gue'-**ko**mmen']

Pouvez-vous nous appeler un taxi?
Können Sie uns ein Taxi bestellen?
[**kœn**nen' zî ouns' aïn' **tak**sî be'-**chtè**llen']

Pouvez-vous nous appeler un taxi pour demain à 6h?
Können Sie uns für morgen um sechs Uhr ein Taxi bestellen?
[**kœn**nen' zî ouns fûr **mor**guen' oum zèks oûr aïn' **tak**si be'-**chtè**llen']

Nous partons maintenant.
Wir gehen jetzt.
[vîr **gué**hen' yètst]

Pouvez-vous dresser la facture?
Können Sie die Rechnung aufstellen?
[**kœn**nen' zî dî **rèh**noung **aouf**-chtèllen']

Je crois qu'il y a une erreur sur la facture.
Ich glaube, die Rechnung stimmt nicht ganz.
[ih **glaou**be' dî **rèh**noung chtimmt niht gants]

Pouvez-vous faire descendre nos bagages?
Können Sie unser Gepäck hinunter bringen lassen?
[**kœn**nen' zî **oun**zer' gue**pèk** hî**noun**ter'-bringuen' lassen']

Pouvez-vous garder nos bagages jusqu'à ...?
Können Sie unser Gepäck bis ... beaufsichtigen?
[**kœn**nen' zî **oun**zer' gue**pèk** bis' ... bé'-**aouf**-zi**h**tiguen']

Merci pour tout, nous avons fait un excellent séjour chez vous.
Vielen Dank für alles, es war sehr angenehm bei Ihnen.
[**fi**len' dank' fûr alles', ès' wâr zér **an'-**guéném baï înen']

Nous espérons revenir bientôt.
Wir kommen gerne bald wieder.
[vîr **ko**mmen' **guè**rne' balt' **vî**der']

AU RESTAURANT – *IM RESTAURANT*

La cuisine allemande/autrichienne.
Deutsche/österreichische Küche.
[**do**ïtche' / **eu**ster'-raï**hi**che' **ku**he']

Pouvez-vous nous recommander un restaurant?
Können Sie uns ein Restaurant empfehlen?
[**kœ**nnen' zî ouns aïn' restau**rant** èm**pfé**len']

restaurant chinois	*chinesisches Restaurant*	[<u>h</u>i**né**ziches']
français	*französisches*	[frant**seu**ziches']
indien	*indisches*	[**in**diches']
italien	*italienisches*	[italy**é**niches']
japonais	*japanisches*	[ja**pâ**niches']
mexicain	*mexikanisches*	[mèksi**kâ**niches']
der Biergarten	**«terrasse où l'on consomme de la bière»**	[**bîr**-garten']

Choisir une table – *einen Tisch wählen*

banquette	*die Bank*	[bank']
chaise	*der Stuhl*	[chtoûl]
cuisine	*die Küche*	[kuhe']
en haut	*oben*	[ôben']
en bas	*unten*	[ounten']
fenêtre	*das Fenster*	[fènster']
près de la fenêtre	*nahe beim Fenster*	[nâhe' baïm fènster']
salle à manger	*der Speisesaal*	[chpaïze'-zâl']
terrasse	*die Terasse*	[terasse']
toilettes	*die Toiletten (f.)*	[toilètten']
table	*der Tisch*	[tich]

Plats – *Gerichte*

petit déjeuner	*das Frühstück*	[frû-chtukk]
déjeuner	*das Mittagessen*	[mittâk-èssen']
dîner	*das Abendessen*	[âbent'-èssen']
entrée	*die Vorspeise*	[fôr-chpaïze']
soupe	*die Suppe*	[zouppe']
plat	*das Gericht*	[guériht]
plat principal	*das Hauptgericht*	[haoupt-gueriht]
plats végétariens	*vegetarische Gerichte*	[véguétâriche' guerihte']
sandwich	*das Sandwich*	[sènd-vitch]
fromage	*der Käse*	[kêze']

dessert	*der Nachtisch*	[nâr̲h-tich]
sur charbons de bois	*auf Holzkohle*	[aouf **holts**-kôle']
émincé	*fein geschnitten*	[faïn' gue'-**chnit**ten']
au four	*überbacken*	[über'-**ba**kken']
gratiné	*gratiniert*	[gratinîrt]
sur le gril	*vom Grill*	[fom' grill]
pané	*paniert*	[panîrt]
à la poêle	*in der Pfanne gebraten*	[in dér **pfa**nne' gue'-**brâ**ten']
rôti	*gebraten*	[gue'-**brâ**ten']

Accompagnements - *Beilagen*

choucroute	*das Sauerkraut*	[zaouer-kraout']
pâtes	*Nudeln (f.)*	[**noû**deln]
riz	*der Reis*	[raïs']
salade	*der Salat*	[zalât']
pommes de terre	*Kartoffeln (f.)*	[kartoffeln]
boulettes de pomme de terre	*die Kartoffel-knödel (m.)*	[kartoffel-kneudel']
«spécialité de pâtes»	*Spätzle*	[**chpèts**le']

Boissons – *Getränke*

café	*der Kaffee*	[**kaffé**]
café au lait	*der Milchkaffee*	[**milh**-kaffé]
coca	*die Cola*	[**kô**la]
crème	*die Sahne*	[**zâne**']
eau minérale	*das stille Mineralwasser*	[chtille' minérâl-vasser']
eau minérale pétillante	*das Sprudelwasser*	[chproûdel'-vasser']
espresso	*der Espresso*	[ès**près**sô]
jus	*der Saft*	[zaft]
jus d'orange	*der Orangensaft*	[orangen' zaft']
lait	*die Milch*	[mil**h**]
sucre	*der Zucker*	[**tsou**kker']
thé	*der schwarze Tee*	[**chvar**tser' té]
tisane	*der Kräutertee*	[**kroï**ter-té]

Boissons alcoolisées – *Alkoholische Getränke*

apéritif	*der Aperitif*	[apé**rî**tif]
bière	*das Bier*	[bîr']
bière pression	*Bier vom Fass*	[bîr fom' fass]
carte des vins	*die Weinkarte*	[**vaïn**'-karte']
digestif	*der Digestif*	[dî**gès**tif]
vin	*der Wein*	[vaïn]
vin blanc	*der Weißwein*	[**vaïs**'-vaïn]
vin maison	*der Hauswein*	[**haous**'-vaïn]

vin rouge	*der Rotwein*	[**rôt**-vaïn']
vin du pays	*einheimischer Wein*	[**aïn'**-haïmicher' vaïn']
vin rosé	*der Rosé*	[**rô**zé]
porto	*der Porto*	[**por**to]
eau-de-vie	*der Schnaps*	[**chnaps**]
bouteille	*die Flasche*	[**fla**che']
demi-bouteille	*halbe Flasche*	[**hal**be' **fla**che']
un demi	*einen halben Liter*	[**hal**ben' **li**ter']
un quart	*ein Viertel*	[**fir**tel']
vin sec	*trockener Wein*	[**tro**kkener' vaïn']
doux	*süß*	[**sûss**]
mousseux	*spritzig*	[**chprit**sik]
avec glaçons	*mit Eiswürfeln*	[mit **aïs'**-vurfeln]
sans glaçons	*ohne Eiswürfel*	[**ône' aïs'**-vurfel']

Couverts – *das Gedeck*

l'assiette	*der Teller*	[**tèl**ler']
le cendrier	*der Aschenbecher*	[**a**chen'-**bè**her']
le couteau	*das Messer*	[**mès**ser']
la cuillère	*der Löffel*	[**lœf**fel']
la fourchette	*die Gabel*	[**gâ**bel']
le menu	*das Menü*	[me**nû**]
la serviette de table	*die Serviette*	[zer**vyè**tte']
la soucoupe	*die Untertasse*	[**oun**ter'-tasse']

Commodités

103

| la tasse | die Tasse | [tasse'] |
| le verre | das Glas | [glâs'] |

Je voudrais faire une réservation pour deux personnes vers 20 heures.
Ich möchte einen Tisch für zwei Personen für zwanzig Uhr reservieren.
[ih **mœh**te' **aï**nen' tich fûr tsvaï per**zô**nen' fûr **tsvan**tsih oûr rézér**vî**ren']

Est-ce que vous aurez de la place plus tard?
Haben Sie später Platz?
[**hâ**ben' zî **chpê**ter' plats]

Je voudrais réserver pour demain soir.
Ich möchte für morgen Abend reservieren.
[ih **mœh**te' fûr **mor**guen' **â**bent' rézér**vî**ren']

Quelles sont les heures d'ouverture du restaurant?
Von wann bis wann ist das Restaurant geöffnet?
[fon' van' bis' van' ist das restau**rant** gue'-**œff**net']

Acceptez-vous les cartes de crédit?
Akzeptieren Sie Kreditkarten?
[aktsèp**tî**ren zî kré**dit'**-karten']

J'aimerais voir le menu.
Ich möchte die Speisekarte sehen.
[ih **mœh**te' dî **chpaï**ze'-karte' **zé**hen']

Je voudrais une table sur la terrasse.
Ich möchte einen Tisch auf der Terasse.
[ih **mœh**te' **aï**nen' tich aouf dér té**ra**se']

Pouvons-nous simplement prendre un verre?
Können wir nur etwas trinken?
[**kœn**nen' vîr noûr **è**tvas' **trin**ken']

Pouvons-nous simplement prendre un café?
Können wir nur einen Kaffe trinken?
[**kœn**nen' vîr noûr **aï**nen' **kaf**fé **trin**ken']

Je suis végétarien/ne.
Ich bin Vegetarier.
[i<u>h</u> bin' végué**târ**yer']

Je ne mange pas de porc.
Ich esse kein Schweinefleisch.
[i<u>h</u> èsse' kaïn' **chva**ïne'-flaïch]

Je suis allergique aux noix et aux arachides.
Ich habe eine Allergie gegen Nüsse und Erdnüsse.
[i<u>h</u> **hâ**be' aïne' allér**guî gué**guen **nu**sse' ount' **èrt**-nusse']

Je suis allergique aux œufs.
Ich habe eine Allergie gegen Eier.
[i<u>h</u> **hâ**be' aïne' allér**guî gué**guen **aï**yer']

Servez-vous du vin au verre?
Servieren Sie Wein im Glas?
[zèr**vî**ren zî vaïn' im' glâs']

Nous n'avons pas eu...
Wir haben kein ... bekommen.
[vîr **hâ**ben' kaïn'... be-**ko**mmen']

J'ai demandé...
Ich habe ... bestellt.
[ih **hâ**be' ... be-**stèllt'**]

Le plat est froid.
Das Essen ist kalt.
[das **ès**sen' ist kalt]

C'est trop salé.
Es ist versalzen.
[ès' ist fèr-**zal**tsen']

Ce n'est pas frais.
Das ist nicht frisch.
[das' ist ni**h**t frich]

L'addition, s'il vous plaît.
Die Rechnung, bitte.
[dî **rèh**noung, **b**itte']

Le service est-il compris?
Ist das Trinkgeld im Preis inbegriffen?
[ist das trink'-guèlt' im praïs' in'-**be**griffen']

Merci, ce fut un excellent repas.
Danke, das war ein hervorragendes Essen.
[**dan**ke', das vâr aïn hèr-**fôr**-raguendes **ès**sen']

Merci, nous avons passé une très agréable soirée.
Vielen Dank für den angenehmen Abend.
[**vî**len' dank fûr dén' an'-**gué**némen' **â**bent]

Le goût – *Der Geschmack*

amer	*bitter*	[**bit**ter']
doux	*süß*	[sûss]
épicé	*würzig*	[**vur**tsik]
fade	*ungewürzt*	[**oun**'-gue'-vurtst']
piquant	*scharf*	[charf]
poivré	*gepfeffert*	[gue'-**pfè**ffert']
salé	*salzig*	[**zal**tsik]
sucré	*süß*	[sûss]

◆ ◆ ◆

bitter	**amer**	[**bit**ter']
gepfeffert	**poivré**	[gue'-**pfè**ffert']
salzig	**salé**	[**zal**tsik]
scharf	**piquant**	[charf]
süß	**doux, sucré**	[sûss]
ungewürzt	**fade**	[**oun**'-gue'-zaltsen']
würzig	**épicé**	[**vur**tsik]

Épices, herbes et condiments – *Gewürze und Kräuter*

basilic	*der Basilikum*	[ba**zi**likoum]
beurre	*die Butter*	[**bou**tter']
cannelle	*der Zimt*	[tsimt']

coriandre	der Koriander	[koriyânder']
curry	der Curry	[kœrri]
épice	das Gewürz	[guevurts]
épicé	gewürzt	[guevurtst]
gingembre	der Ingwer	[ing'vèr']
menthe	die Minze	[mintse']
moutarde douce	süßer Senf	[zûsser' zènf]
moutarde forte	scharfer Senf	[charfer' zènf]
muscade	das Muskat	[mouskât']
oseille	der Sauerampfer	[zaouer'-ampfer']
pain	das Brot	[brôt']
persil	die Petersilie	[péterzîlye']
poivre	der Pfeffer	[pfèffer']
poivre rose	roter Pfeffer	[rôter' pfèffer']
romarin	der Rosmarin	[rôs-marîn]
sauce	die Soße	[zôze']
sauce piquante	scharfe Soße	[charfe' zôze']
sauce soya	die Sojasoße	[zôyâ-zôze']
sauge	der Salbei	[zalbaï]
sel	das Salz	[zalts]
thym	der Thymian	[tûmîyân]
vinaigre	der Essig	[èssik]

der Basilikum	**basilic**	[bazílikoum]
die Butter	**beurre**	[boutter']
der Curry	**curry**	[kœrri]
der Essig	**vinaigre**	[èssik]
das Gewürz	**épice**	[guevurts]
gewürzt	**épicé**	[guevurtst]
der Ingwer	**gingembre**	[ing'vèr']
der Koriander	**coriandre**	[koriyânder']
die Minze	**menthe**	[mintse']
das Muskat	**muscade**	[mouskât]
das Brot	**pain**	[brôt']
die Petersilie	**persil**	[péterzílye']
der Pfeffer	**poivre**	[pfèffer']
roter Pfeffer	**poivre rose**	[rôter' pfèffer']
der Rosmarin	**romarin**	[rôs-marîn]
der Salbei	**sauge**	[zalbaï]
das Salz	**sel**	[zalts]
der Sauerampfer	**oseille**	[zaouer'-ampfer']
die Soße	**sauce**	[zôze']
scharfer Senf	**moutarde forte**	[charfer' zènf |
scharfe Soße	**sauce piquante**	[charfe' zôze']
süßer Senf	**moutarde douce**	[zûsser' zènf]
die Sojasoße	**sauce soya**	[zôya-zôze']
der Thymian	**thym**	[tûmiyân]
der Zimt	**cannelle**	[tsimt']

Petit déjeuner – *Frühstück*

bretzel	*die Brezel*	[**bré**tsl]
café	*der Kaffee*	[**kaf**fé]
confiture	*die Marmelade*	[marme**lâ**de']
crêpes	*der Pfannkuchen*	[**pfan'**-koûhen']
croissant	*das Croissant*	[croissant]
fromage	*der Käse*	[**kê**ze']
«sorte de fromage blanc»	*der Quark*	[kvark]
fruits	*das Obst*	[ôpst]
jus	*der Saft*	[zaft]
marmelade	*die Marmelade*	[marme**lâ**de']
musli	*das Müsli*	[**mûs**lî]
œufs	*die Eier*	[**aï**yer']
omelette	*das Omelette*	[om**lètt**]
pain	*das Brot*	[brôt']
pain de blé entier	*das Vollkornbrot*	[**foll**-korn-brôt]
petit pain	*das Brötchen*	[**breut**<u>h</u>en]
toasts	*der Toast*	[tôst]
viande froide	*der Aufschnitt*	[**aouf**-chnitt]
viennoiserie	*das Gebäck*	[gue**bèk**]
yaourt	*der Joghurt*	[**yô**gourt]

der Aufschnitt	**viande froide**	[aouf-chnitt]
die Brezel	**bretzel**	[brétsl']
das Brot	**pain**	[brôt']
das Brötchen	**petit pain**	[breuthen / zèmmel']
der Pfannkuchen	**crêpes**	[pfan'-koûhen']
das Croissant	**croissant**	[croissant]
die Eier	**œufs**	[aïyer']
das Gebäck	**viennoiserie**	[guebèk]
der Joghurt	**yaourt**	[yôgourt]
der Kaffee	**café**	[kaffé]
der Käse	**fromage**	[kêze']
die Marmelade	**confiture/ marmelade**	[marmelâde']
das Müsli	**musli**	[mûslî]
das Obst	**fruits**	[ôpst]
das Omelette	**omelette**	[omlètt]
der Quark	**«sorte de fromage blanc»**	[kvark]
der Saft	**jus**	[zaft]
der Toast	**toasts**	[tôst]
das Vollkornbrot	**pain de blé entier**	[foll-korn-brôt]

Fruits – *Obst*

abricot	*die Aprikose*	[âprikôze']
ananas	*die Ananas*	[ananas']
arachide	*die Erdnuss*	[ert-nouss']
banane	*die Banane*	[banâne']
cerise	*die Kirsche*	[kirche']
citron	*die Zitrone*	[tsitrône']
citrouille	*der Kürbis*	[kurbis']
clémentine	*die Clementine*	[klémèntîne']
coco	*die Kokosnuss*	[kôkos-nouss']
figues	*die Feige*	[faïgue']
fraise	*die Erdbeere*	[èrt-bére']
framboise	*die Himbeere*	[him'-bére']
kiwi	*die Kiwi*	[kîvî]
mandarine	*die Mandarine*	[man-darîne']
mangue	*die Mango*	[mangô]
melon	*die Melone*	[mélône']
mûre	*die Brombeere*	[brom'-bére']
noix	*die Nüsse*	[nusse']
orange	*die Orange*	[orange']
pamplemousse	*die Pampelmuse*	[pampel-moûze']
pastèque	*die Wassermelone*	[vasser'-melône']
pêche	*der Pfirsich*	[pfirzih]
poire	*die Birne*	[birne']
pomme	*der Apfel*	[apfel']
prune	*die Pflaume*	[pflaoume']

raisin	*die Traube*	[traoube']
raisins secs	*die Rosinen*	[rôzînen']
mûr/e	*reif*	[raïf']
vert/e	*unreif*	[oun'-raïf]

◆ ◆ ◆

die Ananas	**ananas**	[ananas']
der Apfel	**pomme**	[apfel']
die Aprikose	**abricot**	[âprikôze']
die Banane	**banane**	[banâne']
die Birne	**poire**	[birne']
die Brombeere	**mûre**	[brom'-bére]
die Clementine	**clémentine**	[klémèntîne']
die Erdbeere	**fraise**	[èrt-bére']
die Erdnuss	**arachide**	[èrt-nouss']
die Feige	**figues**	[faïgue']
die Himbeere	**framboise**	[him'-bére']
die Kirsche	**cerise**	[kirche']
die Kokosnuss	**coco**	[kôkos-nouss']
der Kürbis	**citrouille**	[kurbis']
die Kiwi	**kiwi**	[kîvî]
die Mandarine	**mandarine**	[man-darîne']
die Mango	**mangue**	[mangô]
die Melone	**melon**	[mélône']
die Nüsse	**noix**	[nusse']
die Orange	**orange**	[orange']

die Pampelmuse	**pamplemousse**	[pampel-**moûze**']
der Pfirsich	**pêche**	[**pfir**zih]
die Pflaume	**prune**	[**pflaoume**']
die Rosinen	**raisins secs**	[**rô**zînen']
die Traube	**raisin**	[**traoube**']
die Wassermelone	**pastèque**	[**va**sser'-melône']
die Zitrone	**citron**	[tsi**trône**']
reif	**mûr/e**	[raïf']
unreif	**vert/e**	[**oun**'-raïf]

Légumes – *Gemüse*

ail	*der Knoblauch*	[**knôb**-laou**rh**]
asperges	*der Spargel*	[**chpar**guel']
aubergines	*die Aubergine*	[obér**gîne**']
avocat	*die Avocado*	[avô**kà**dô]
brocoli	*der Brokoli*	[**brô**kôlî]
carotte	*die Karotte*	[ka**rotte**']
céleri	*der Selleri*	[**zè**llérî]
champignon	*der Pilz*	[pilts]
chou	*der Kohl*	[kôl]
chou-fleur	*der Blumenkohl*	[**bloû**men'-kôl]
chou de Bruxelles	*der Rosenkohl*	[**rô**zen'-kôl]
concombre	*die Gurke*	[**gour**ke']
courge	*der Kürbis*	[**kur**bis']
courgette	*die Zucchini*	[zuc**chî**nî]
cresson	*die Kresse*	[**krè**sse']
épinards	*der Spinat*	[chp**î**nât]

haricots	die Bohnen (f.)	[bônen']
laitue	der Salat	[zalât]
maïs	der Mais	[maïs]
navet	die Rübe	[rûbe']
oignon	die Zwiebel	[tsvîbel']
poireau	der Lauch	[laourh]
pois	die Erbsen (f.)	[èrpsen']
pois chiche	die Kichererbsen	[kiher-èrpsen']
poivron	die Paprika	[paprikâ]
pommes de terre	die Kartoffel	[kartoffel']
radis	das Radieschen	[radîshen]
tomate	die Tomate	[tômâte']

◆ ◆ ◆

die Aubergine	aubergines	[obérgîne']
die Avocado	avocat	[avôkâdô]
die Gurke	concombre	[gourke']
der Blumenkohl	chou-fleur	[bloûmen'-kôl]
die Bohnen (f.)	haricots	[bônen']
der Brokoli	brocoli	[brôkôlî]
die Erbsen (f.)	pois	[èrpsen']
die Karotte	carotte	[karotte']
die Kartoffel	pommes de terre	[kartoffel']
die Kichererbsen	pois chiche	[kiher-èrpsen']
der Knoblauch	ail	[knôb-laourh]
der Kohl	chou	[kôl]
die Kresse	cresson	[krèsse']

der Kürbis	courge	[kurbis']
der Lauch	poireau	[laourh]
der Mais	maïs	[maïs]
die Paprika	poivron	[paprika]
der Pilz	champignon	[pilts]
das Radieschen	radis	[radîshen]
der Rosenkohl	chou de Bruxelles	[rôzen'-kôl]
die Rübe	navet	[rûbe']
der Salat	laitue	[zalât]
der Selleri	céleri	[zèllerî]
der Spargel	asperges	[chparguel']
der Spinat	épinards	[chpînât]
die Tomate	tomate	[tômâte']
die Zucchini	courgette	[zucchînî]
die Zwiebel	oignon	[tsvîbel']

Viandes – *Fleischgerichte*

agneau	*das Lamm*	[lamm]
bifteck	*das Steak*	[steyk]
bœuf	*das Rind*	[rint']
boudin	*die Blutwurst*	[bloût'-vourst]
boulette	*die Frikadelle*	frikadèlle']
brochette	*der Fleischspiess*	[flaïch-chpîss]
caille	*die Wachtel*	[varhtel']
canard	*die Ente*	[ènte']
cervelle	*das Hirn*	[hirn']

chèvre	*die Ziege*	[ts**î**gue']
chevreuil	*das Reh*	[r**é**]
côtelette	*das Kotelett*	[kotl**è**tt]
cubes	*der Würfel*	[**vur**fel']
cuisse	*die Haxe*	[hak**se**']
dinde	*die Pute*	[po**û**te']
dos	*der Rücken*	[**ruk**ken']
entrecôte	*die Rippe*	[**ri**ppe']
escalope	*das Schnitzel*	[**chnit**sel']
faisan	*der Fasan*	[faz**ân**']
filet	*das Filet*	[fil**é**]
foie	*die Leber*	[l**é**ber']
gibier	*das Wild*	[vilt']
grillade	*das Grillfleisch*	[**grill**-flaïch]
haché	*das Hackfleisch*	[**hakk**-flaïch]
jambon	*der Schinken*	[**chin**ken']
jarret	*die Keule*	[ko**ï**le']
langue	*die Zunge*	[ts**oun**gue']
lapin	*das Kaninchen*	[kan**î**nhen']
lièvre	*der Hase*	[h**â**ze']
oie	*die Gans*	[gans']
poitrine	*die Brust*	[broust]
porc	*das Schwein*	[chv**aï**n']
poulet	*das Huhn*	[h**û**nhen / hoûn]
rognons	*die Niere*	[n**î**re']
rôti	*der Braten*	[br**â**ten']

sanglier	*das Wildschwein*	[**vilt**-chvaïn']
saucisse	*die Wurst*	[vourst']
tartare	*das Tartar*	[tar**tar**]
tranche	*die Scheibe*	[**chaï**be']
tripes	*die Kutteln (f.)*	[**kou**tteln]
veau	*das Kalb*	[kalp']
viande	*das Fleisch*	[flaïch]
volaille	*das Geflügel*	[gue'-**flû**guel']
à point (médium)	*medium*	[**mé**dîyoum]
bien cuit	*gut durchgebraten*	[goût' **dur<u>rh</u>**-gue'-brâten']
cru	*roh*	[rô]
farci	*gefüllt*	[gue'-**fullt'**]
fumé	*geräuchert*	[gue'-**roï<u>h</u>**ert']
rosé	*rosé*	[rô**zé**]
saignant	*rotes Fleisch*	[**rô**tes' flaïch]

die Blutwurst	**boudin**	[bloût'-vourst]
der Braten	**rôti**	[**brâ**ten']
die Brust	**poitrine**	[broust]
die Ente	**canard**	[**ènte'**]
der Fasan	**faisan**	[fazân']
das Filet	**filet**	[filé]
das Fleisch	**viande**	[flaïch]
der Fleischspiess	**brochette**	[**flaïch**-chpîss]

die Frikadelle	**boulette**	[frikadèlle']
die Gans	**oie**	[gans']
das Geflügel	**volaille**	[gue'-**flûguel**']
das Grillfleisch	**grillade**	[**grill**-flaïch]
das Hackfleisch	**haché**	[**hakk**-flaïch]
der Hase	**lièvre**	[hâze']
die Haxe	**cuisse**	[**hak**se']
das Hirn	**cervelle**	[hirn']
das Huhn	**poulet**	[hoûn]
das Kalb	**veau**	[kalp']
das Kaninchen	**lapin**	[kan**în**hen']
die Keule	**jarret**	[koïle']
das Kotelett	**côtelette**	[kotl**èt**t]
die Kutteln (f.)	**tripes**	[**kout**teln]
das Lamm	**agneau**	[lamm]
die Leber	**foie**	[l**é**ber']
die Niere	**rognons**	[nîre']
die Pute	**dinde**	[po**û**te']
das Reh	**chevreuil**	[ré]
das Rind	**bœuf**	[rint']
die Rippe	**entrecôte**	[**ri**ppe']
der Rücken	**dos**	[**ruk**ken']
die Scheibe	**tranche**	[**cha**ïbe']
der Schinken	**jambon**	[**chin**ken']
das Schnitzel	**escalope**	[**chnit**sel']
das Schwein	**porc**	[chvaïn']

das Steak	**bifteck**	[steyk]
das Tartar	**tartare**	[tartar]
die Wachtel	**caille**	[varhtel']
das Wild	**gibier**	[vilt']
das Wildschwein	**sanglier**	[vilt-chvaïn']
die Wurst	**saucisse**	[vourst']
die Ziege	**chèvre**	[tsîgue']
die Zunge	**langue**	[tsoungue']

medium	**à point (médium)**	[médîyoum]
gut durchgebraten	**bien cuit**	[goût' durrh-gue'-brâten']
gefüllt	**farci**	[gue'-fullt']
geräuchert	**fumé**	[gue'-roihert']
roh	**cru**	[rô]
rosé	**rosé**	[rôzé]
rotes Fleisch	**saignant**	[rôtes' flaïch]

Poissons et fruits de mer –
Fische und Meeresfrüchte

anchois	Sardellen (f.)	[zardèllen']
anguille	der Aal	[âl]
brochet	der Hecht	[hèht]
calmar	der Tintenfisch	[tinten'-fich]
carpe	der Karpfen	[karpfen']
colin	der Seehecht	[zé-hèht']

crabe	*die Krabbe*	[**kra**bbe']
crevettes	*Krevetten (f.)*	[kre**vèt**ten']
darne	*die Fischscheibe*	[**fich**-chaïbe']
escargots	*Schnecken (f.)*	[**chnèk**ken]
espadon	*der Schwertfisch*	[**chvèrt'**-fich]
filet	*das Filet*	[fi**lé**]
hareng	*der Hering*	[**hé**ring']
homard	*der Hummer*	[**hou**mmer']
huîtres	*Austern (f.)*	[**aous**tern]
langoustine	*der Scampi*	[s**kam**pî]
loup de mer	*der (See-)Barsch*	[**zé**-barch]
maquereau	*die Makrele*	[ma**kré**le']
morue	*der Kabeljau*	[**ka**belyaou]
moules	*Muscheln (f.)*	[**mou**cheln']
palourdes	*Venusmuscheln (f.)*	[**vénous'**-mouchel']
pétoncles	*Jakobsmuscheln (f.)*	[**yâ**kobs-moucheln']
pieuvre	*Oktupus*	[**ok**tupus']
raie	*der Rochen*	[**ro**rhen']
requin	*der Hai*	[haï]
rouget	*der Rötling*	[**reut**ling']
sardines	*Sardinen (f.)*	[zar**dî**nen']
saumon	*der Lachs*	[laks]
saumon fumé	*geräucherter Lachs*	[gue**roï**herter' laks]
sole	*die Seezunge*	[**zé**-tsoungue']

thon	*der Thunfisch*	[toûn'-fich]
truite	*die Forelle*	[fôrèlle']

der Aal	**anguille**	[âl]
Austern (f.)	**huîtres**	[aoustern]
der (See-)Barsch	**loup de mer**	[zé-barch]
das Filet	**filet**	[filé]
die Fischscheibe	**darne**	[fich-chaïbe']
die Forelle	**truite**	[fôrèlle']
geräucherter Lachs	**saumon fumé**	[gueroïherter' laks]
der Hai	**requin**	[haï]
der Hecht	**brochet**	[hèht']
der Hering	**hareng**	[héring']
der Hummer	**homard**	[hoummer']
Jakobsmuscheln (f.)	**pétoncles**	[yâkobs-moucheln']
der Kabeljau	**morue**	[kabelyaou]
der Karpfen	**carpe**	[karpfen']
die Krabbe	**crabe**	[krabbe']
Krevetten (f.)	**crevettes**	[krevètten']
der Lachs	**saumon**	[laks]
die Makrele	**maquereau**	[makréle']
Muscheln (f.)	**moules**	[moucheln']
Oktupus	**pieuvre**	[oktupus']
der Rochen	**raie**	[rorhen']

der Rötling	**rouget**	[**reut**ling']
Sardellen (f.)	**anchois**	[zar**dèll**en']
Sardinen (f.)	**sardines**	[zar**dîn**en']
Scampi (m.)	**langoustine**	[skam**pî**]
Schnecken (f.)	**escargots**	[**chnèk**ken]
der Schwertfisch	**espadon**	[**chvèrt'**-fich]
der Seehecht	**colin**	[**zé**-hè<u>h</u>t]
die Seezunge	**sole**	[**zé**-tsounge']
der Thunfisch	**thon**	[**toûn'**-fich]
der Tintenfisch	**calmar**	[**tin**ten'-fich]
Venusmuscheln (f.)	**palourdes**	[**vé**nous'-moucheln']

Desserts – *Nachspeisen - Süßspeisen*

caramel	*das Karamel*	[kara**mèl**]
chausson aux pommes	*der Apfelstrudel*	[**apfel**-chtroûdel']
chocolat	*die Schokolade*	[chô**kôlâde'**]
crème-dessert	*die Sahnespeise*	[**zâne'**-chpaïze']
flan	*der Auflauf*	[**aouf**-laouf]
gâteau	*der Kuchen*	[**koûr**hen]
gauffres	*Waffeln (f.)*	[**vaff**eln']
glace (crème glacée)	*das Speiseeis*	[**chpaïze'**-aïs']
meringue	*das Baiser*	[**bè**zé]
mousse au chocolat	*der Mousse au chocolat*	[**mou**sse au chocolat]

riz sucré	*süßer Reis*	[**zû**sser' raïs']
salade de fruits	*der Obstsalat*	[**ô**pst-zalât']
sorbet	*das Sorbet*	[sor**bé**]
tarte	*die Torte*	[**tor**te']
tartelettes à la crème	*Kremschnitten (f.)*	[**krèm**-chnitten']
vanille	*die Vanille*	[va**nille**']

der Apfelstrudel	**chausson aux pommes**	[**a**pfel-chtroûdel']
der Auflauf	**flan**	[**aouf**-laouf]
das Baiser	**meringue**	[bè**zé**]
das Speiseeis	**glace (crème glacée)**	[aïs']
das Karamel	**caramel**	[kara**mèl**]
die Kremschnitten	**tartelettes à la crème**	[**krèm**'-chnitten']
der Kuchen	**gâteau**	[**koû**<u>r</u>hen']
der Mousse au chocolat	**mousse au chocolat**	[**mou**sse au chocolat]
der Obstsalat	**salade de fruits**	[**ô**pst-zalât']
die Schokolade	**chocolat**	[chô**kô**lâde']
die Sahnespeise	**crème-dessert**	[**zâne**'-chpaïze']
das Sorbet	**sorbet**	[sor**bé**]
süßer Reis	**riz sucré**	[**zû**sser' raïs']
die Torte	**tarte**	[**tor**te']

die Waffeln	**gauffres**	[vaffeln']
die Vanille	**vanille**	[vanille']

SORTIES – *AUSGEHEN*

Divertissements – *Unterhaltung*

ballet	*das Ballett*	[ballètt]
billetterie	*die Kasse*	[kasse']
cinéma	*das Kino*	[kînô]
concert	*das Konzert*	[kontsèrt']
danse folklorique	*der Volkstanz*	[folks-tants']
entracte	*die Pause*	[paouze']
folklore	*die Folklore*	[folklôre']
guichet	*der Schalter*	[chalter']
hockey	*das Hockey*	[hokkî]
opéra	*die Oper*	[ôper']
programme	*das Programm*	[prôgramm']
siège	*der Sitzplatz*	[zits-plats]
siège réservé	*reservierter Platz*	[rézèrvîrter' plats]
soccer	*der Fußball*	[foûss-ball]
spectacle	*die Vorstellung*	[fôr'-chtèlloung']
théâtre	*das Theater*	[téâter']

Commodités

125

Les places les moins chères
Die billigsten Plätze
[dî **bil**liksten **plè**tse']

Les meilleures places
Die besten Plätze
[dî **bès**ten' **plè**tse']

Je voudrais... places.
Ich möchte ... Plätze.
[ih **mœh**te' ... **plè**tse']

Est-ce qu'il reste des places pour ...?
Gibt es noch Plätze für ...?
[gîpt ès' no**rh** **plè**tse' fûr ...]

Quel jour présente-t-on ...?
An welchem Tag wird ... gegeben?
[an' **vèl**hem tâk virt ... gue-**gué**ben']

Est-ce en version originale?
Wird die Originalversion gespielt?
[virt dî orîgu**î**nâl-verzyôn gue-**chpî**lt]

Est-ce sous-titré?
Gibt es Untertitel?
[gîpt ès' **oun**ter'- titel']

La vie nocturne – *Nachtleben*

l'apéritif	*der Apéritif*	[apéri**tif**]
bar	*die Bar*	[**bâr**]
bar gay	*die Schwulenbar*	[**chvoû**len'-bâr]

bar lesbien	*die Lesbenbar*	[**lès**ben'-**bâr**]
barman	*der Barmann*	[**bâr**-mann]
bistrot	*die Kneipe*	[**knaï**pe']
boîte de nuit	*die Disco*	[**dis**kô]
chanteur	*der Sänger*	[**zèn**guer']
consommation	*der Konsum*	[kon**zoûm**']
danse	*der Tanz*	[tants]
discothèque	*die Discothek*	[diskô**ték**]
entrée	*der Eintritt*	[**aïn**'-tritt]
fête	*die Party*	[**pâr**tî]
jazz	*der Jazz*	[jazz]
le milieu gay	*das Schwulenviertel*	[**chvoû**len'-firtel']
musicien	*der Musiker*	[**moû**ziker'/in']
musique en direct	*live Musik*	[laïf moû**zîk**]
piste de danse	*die Tanzfläche*	[**tants**-flèhe']
strip-tease	*das Strip-tease*	[**strip**-tease]
travesti	*der Transvestit*	[trans-vès**tît**']
un verre	*ein Glas*	[glâs']
alcool	*der Alkohol*	[**al**kôhôl]
bière	*das Bier*	[bîr']
boisson importée	*importiertes Getränk*	[impor**tîr**tes' gue**trènk**]
boisson nationale	*einheimisches Getränk*	[**aïn**'-haïmiches' gue**trènk**]
digestif	*der Digestif*	[**dî**gés**tif**]
eau minérale	*stilles Mineralwasser*	[**ch**tilles' minér**âl**-vasser']

eau minérale gazeuse	*Sprudelwasser*	[**chpro**ûdel'-vasser']
jus d'orange	*der Orangen-saft*	[**o**rangen'-zaft']
soda	*das Sodawasser*	[**zô**da-vasser']
eau de vie	*der Schnaps*	[chnaps]
vermouth	*der Vermouth*	[**vèr**moût]
vin	*der Wein*	[vaïn]

Rencontres - *Bekanntschaften*

affectueux	*nett*	[nètt]
beau	*gutaussehend*	[**goût**-aous-zéent]
belle	*schön*	[cheun']
célibataire	*single*	[**single**]
charmant/e	*charmant*	[char**mant'**]
compliment	*das Kompliment*	[kompli**ment'**]
conquête	*die Eroberung*	[èr-**ô**beroung']
couple	*das Paar*	[pâr']
discret/ète	*diskret*	[dis**krét'**]
divorcé/e	*geschieden*	[gue'-**chî**den']
draguer	*(jemanden) anmachen*	[(yémanden) an'-ma**rh**en']
enchanté/e	*angenehm*	[**an'**-guéném]
fatigué/e	*müde*	[**mû**de']
femme	*die Frau*	[fraou]
fidèle	*treu*	[troï]

fille	das Mädchen	[mêd<u>h</u>en']
gars	der Typ	[tûp']
gay	schwul	[chvoûl]
grand/e	groß	[grôss]
homme	der Mann	[mann]
invitation	die Einladung	[aïn'-lâdoung']
inviter	einladen	[aïn'-lâden']
ivre	betrunken	[be'-**trounk**en']
jaloux/ouse	eifersüchtig	[aïfer-zu<u>h</u>tik]
jeune	jung	[young']
joli/e	hübsch	[hupch']
jouer au billard	Billard spielen	[**billy**ârt' chpîlen']
laid/e	hässlich	[**hèss**li<u>h</u>]
macho	der Macho	[**ma**tcho]
marié/e	verheiratet	[fèr-**haï**râtet']
mignon/ne	süß	[zûss]
personnalité	der Charakter	[ka**ra**kter']
petit/e	klein	[klaïn]
prendre un verre	etwas trinken	[**èt**vas' **trin**ken']
rendez-vous	das Treffen	[**trè**ffen]
Santé! (pour trinquer)	Prost!	[prôst']
séparé/e	getrennt	[gue'-**trènnt**']
seul/e	allein	[al**laïn**']
sexe sécuritaire	safe sex	[sèyf sèks]
sexy	sexy	[sèk**ssî**]

↗ **sympathique**   *sympathisch*   [sumpâtich]

vieux/vieille   *alt*   [alt]

Comment allez-vous/vas-tu?
Wie geht es Ihnen/Dir?
[vî gét ès' înen' / dîr]

Très bien, et vous/et toi?
Danke, gut, und Ihnen / Dir?
[danke', goût, ount înen' / dîr]

Je vous présente...
Darf ich vorstellen : ...
[darf ih fôr-chtèllen']

Pourriez-vous me présenter à cette demoiselle?
Könnten Sie mich dieser jungen Dame vorstellen?
[kœnnten' zî mih dîzer' youngen' dâme' fôr-chtèllen']

À quelle heure la plupart des gens viennent-ils?
Gegen wieviel Uhr kommen die meisten Leute?
[guéguen' vî-fil oûr' kommen' dî maïsten']

À quelle heure est le spectacle?
Um wieviel Uhr beginnt die Vorstellung?
[oum' vî-fil oûr' be-guinnt dî fôr-chtèlloung]

Bonsoir, je m'appelle...
Guten Abend, ich heiße...
[goûten' âbent, ih haïsse']

Est-ce que cette musique te plaît?
Gefällt dir diese Musik?
[gue-fèllt' dîr dîze' mouzîk]

Je suis hétérosexuel.
Ich bin heterosexuell.
[ih bin' **hétéro**-zèksouèll]

Je suis gay.
Ich bin schwul.
[ih bin' chvoûl]

Je suis lesbienne.
Ich bin lesbisch.
[ih bin' **lès**bich]

Je suis bisexuel/le.
Ich bin bisexuell.
[ih bin' **bî**-zèksouell]

Est-ce que c'est ton ami/e?
Ist das dein Freund? (deine Freundin)?
[ist das daïn' froïnt' / **daï**ne' **froï**ndin']

Lequel?	*Wer?*	[vèr']
le blond / la blonde	*der / die Blonde*	[**blon**de']
le roux / la rousse	*der / die Rothaarige*	[**rôt**-hârîgue']
le brun / la brune	*der /die Brunette*	[**brû**nètte']

Est-ce que tu prends un verre?
Willst du etwas trinken?
[villst' doû **èt**vas' **trin**ken']

Qu'est-ce que tu prends?
Was nimmst du?
[vas nimmst doû]

De quel pays viens-tu?
Woher kommst du?
[vôhér' kommst doû]

Es-tu ici en vacances ou pour le travail?
Bist du hier auf Ferien oder geschäftlich?
[bist doû hîr aouf férîyen' ôder' guechèft-lih]

Que fais-tu dans la vie?
Was machst du beruflich?
[vas marhst doû béroûf-lih]

Habites-tu ici depuis longtemps?
Wohnst du hier schon lange?
[vôhnst doû hîr chôn' langue']

Ta famille vit-elle également ici?
Lebt deine Familie auch hier?
[lépt daïne' famîlye' aourh hîr]

As-tu des frères ou sœurs?
Hast du Geschwister?
[hast doû gue'-chvister]

Est-ce que tu viens danser?
Willst du tanzen?
[villst doû tantsen']

Cherchons un endroit tranquille pour bavarder.
Lass uns eine stille Ecke zum Plaudern suchen.
[lass ouns' aïne' chtille' èkke' tsoum' plaoudern zoûrhen]

Tu es bien mignon/ne.
Du bist süß.
[doû bist sûss]

As-tu un ami (une amie)?
Hast du einen Freund (eine Freundin)?
[hast doû aïnen' froïnt' (aïne' froïndin')]

Quel dommage!
Zu schade!
[tsoû châde']

Aimes-tu les hommes (les femmes)?
Stehst du auf Männer (Frauen)?
[chtést doû aouf mènner' (fraouen')]

As-tu des enfants?
Hast du Kinder?
[hast doû kinder']

Pouvons-nous nous revoir demain soir?
Können wir uns morgen Abend wiedersehen?
[kœnnen' vîr ouns' morguen âbent' vîder-zéhen']

Quand pouvons-nous nous revoir?
Wann sehen wir uns wieder?
[van' zéhen' vîr ouns' vîder']

J'aimerais t'inviter à dîner demain soir.
Ich möchte dich morgen Abend zum Essen einladen.
[ih mœhte' dih morguen' âbent' tsoum èssen' aîn'-lâden']

Viens-tu chez moi?
Kommst du zu mir?
[kommst doû tsoû mîr]

Pouvons-nous aller chez toi?
Können wir zu dir gehen?
[kœnnen' vîr tsou dîr guéhen']

J'ai passé une excellente soirée avec toi.
Ich habe einen herrlichen Abend mit dir verbracht.
[ih hâbe' aïnen' hèrr-lihen' âbent' mit dîr fèr-brarht]

ACHATS – *EINKAUFEN*

À quelle heure ouvrent les boutiques?
Um wieviel Uhr machen die Geschäfte auf?
[oum vî-fîl oûr' marhen' dî gue'-chèfte' aouf]

À quelle heure ferment les boutiques?
Um wieviel Uhr schließen die Geschäfte?
[oum vî-fîl oûr' chlîssen' dî gue'-chèfte']

Est-ce que les boutiques sont ouvertes aujourd'hui?
Sind die Geschäfte heute geöffnet?
[sint' dî gue-chèfte' hoïte' gue'-œffnet']

À quelle heure fermez-vous?
Um wieviel Uhr schließen Sie?
[oum vî-fîl oûr' chlîssen' zî]

À quelle heure ouvrez-vous demain?
Um wieviel Uhr öffnen Sie morgen?
[oum vî-fîl oûr' œffnen zî morguen']

Avez-vous d'autres succursales?
Haben Sie andere Zweigstellen?
[hâben' zî andere' **tsvaïk**-chtèllen']

Quel en est le prix?
Was ist der Preis hierfür?
[vas' ist dér praïs' **hîr**fûr]

Combien cela coûte-t-il?
Wieviel kostet das?
[vî-fîl **kos**tet das]

En avez-vous des moins chers?
Haben Sie günstigere?
[hâben' zî **guns**tiguere']

Je cherche une boutique de...
Ich suche ein Geschäft für...
[ih **zou**rhe' aïn' gue-**chèft** fûr...]

Où se trouve le supermarché le plus près d'ici?
Wo ist der nächste Supermarkt hier in der Nähe?
[vas' ist dér **nêh**ste' **sou**per-markt hîr in dér **nêh**e']

centre commercial	*das Einkaufs-zentrum*	[**aïn'**-kaoufs-tséntroum]
marché	*der Markt*	[markt]
boutique	*das Geschäft*	[gue-**chèft**]
cadeau	*das Geschenk*	[gue-**chènk**]
carte postale	*die Postkarte*	[**post**-karte']
timbres	*die Briefmarke*	[**brîf**-marke']
vêtements	*die Kleidung*	[**klaï**doung]

Différents commerces – *Fachgeschäfte*

Agence de voyages   *das Reisebüro*   [raïze'-burô]

Je voudrais modifier ma date de retour.
Ich möchte meinen Rückflug umbuchen.
[ih mœhte' maïnen' rukk-floûk oum-boûrhen']

Je voudrais acheter un billet pour...
Ich möchte ein Ticket nach...
[ih mœhte' aïn' tikket nârh...]

aliments naturels   *die Naturkost*   [natoûr-kost]
appareils   *elektronische*   [élèktrôniche'
électroniques   *Geräte*   guérête']

Je voudrais une nouvelle pile pour...
Ich brauche eine neue Batterie für...
[ih braourhe' aïne' noïe' batterî fûr...]

artisanat   *das Kunsthandwerk*   [kounst-hant'-vèrk]
boucherie   *die Metzgerei*   [mètsgueraï]
buanderie   *die Wäscherei*   [vècheraï]
café Internet   *das Internet-Café*   [in'térnèt-kafé]
coiffeur   *der Frisör*   [frizeur]
disquaire   *der Plattenladen*   [platten-lâden']

Avez-vous un disque / disque compact (CD) de...
Haben Sie eine Platte / CD von ...
[hâben' zî aïne' platte' / tsédé fon'...]

Quel est le plus récent disque de ...?
Was ist die neueste Platte von ...?
[vas' ist dî **no**ïeste' **pla**tte' fon'...]

Est-ce que je peux l'écouter?
Kann ich sie hören?
[kann i<u>h</u> zî **heu**ren']

Pouvez-vous me dire qui chante?
Können Sie mir sagen wer singt?
[**kœ**nnen' zî mir **zâ**guen' vér' zingt']

Avez-vous un autre disque de ...?
Haben sie noch andere Platten von ...?
[**hâ**ben' zî no<u>rh</u> **an**dere' **pla**tten fon'...]

Équipement photographique	*das Foto-zubehör*	[**fô**tô-tsoû-be-heur']
Équipement informatique	*das Computer-zubehör*	[kom**pyoû**ter-tsoû-be-heur']

Faites-vous les réparations?
Machen Sie Reparaturen?
[**ma**<u>rh</u>en' zî répâra**toû**ren']

Comment/où puis-je me brancher à Internet?
Wie / Wo komme ich ins Internet?
[vî / vô **kom**me' i<u>h</u> ins' **in'**térnèt]

équipement sportif	*die Sport-ausrüstung*	[**chport**-aous-rustoung]
jouets	*Spielzeuge (n.)*	[**chpîl**-tsoïgue']
librairie	*der Buchladen*	[**boû**<u>rh</u>-lâden']

atlas routier	der Straßen-atlas	[**chtrâ**ssen'-atlas']
beau livre	der Bildband	[**bilt'**-bant']
carte	die Karte	[**kar**te']
carte plus précise	genauere Karte	[gue-**naou**ere' **kar**te]
dictionnaire	das Wörterbuch	[**vœr**ter'-boûr<u>h</u>]
guide	der Reiseführer	[**raïze'**-fûrer']
journaux	die Zeitung	[**tsaï**toung']
littérature	die Literatur	[litéra**toûr**]
livre	das Buch	[boû<u>r</u>h]
magazines	die Zeitschriften	[**tsaït**-chriften']
poésie	die Dichtung	[**di<u>h</u>**toung]
répertoire des rues	das Straßen-verzeichnis	[**chtrâ**ssen'-fèr-tsaï<u>h</u>nis]

Avez-vous des livres en français?
Haben Sie französische Bücher?
[**hâ**ben' zî frant**seu**ziche' **bû**<u>h</u>er']

marché d'alimentation	der Lebensmittel-laden	[**lé**bens-mittel-lâden']
marché d'artisanat	der Kunst-handwerksmarkt	[**kounst-**hant'-vèrks- markt]
marché public	der Markt	[**markt**]
nettoyeur à sec	die Reinigung	[**raï**-nîgoung]

Pouvez-vous laver et repasser cette chemise pour demain?
Können Sie dieses Hemd für morgen waschen und bügeln?
[**kœn**nen' zî **dî**zes' hèmt' fur **mor**guen' **va**chen' ount **bû**gueln']

oculiste
der Optiker
[**op**tîker']

J'ai brisé mes lunettes.
Ich habe meine Brille zerbrochen.
[ih **hâ**be' **maï**ne' **bril**le' tsèr-**bro**rhen']

Je voudrais faire remplacer mes lunettes.
Ich möchte meine Brillengläser ersetzen lassen.
[ih **mœh**te' **maï**ne' **bril**len-glêzer' er-**zè**tsen' **la**ssen']

J'ai perdu mes lunettes.
Ich habe meine Brille verloren.
[ih **hâ**be' **maï**ne' **bril**le' fèr-**lô**ren']

J'ai perdu mes lentilles cornéennes.
Ich habe meine Kontaktlinsen verloren.
[ih **hâ**be' **maï**ne' kon**takt**-linzen' fèr-**lô**ren']

Voici mon ordonnance.
Hier ist mein Rezept.
[hîr ist maïn' ré**tsèpt**]

Je dois passer un nouvel examen de la vue.
Ich muss einen neuen Sehtest machen.
[ih mouss **aï**nen' **noï**yen' **zé**-test **ma**rhen']

pharmacie   *die Apotheke*   [apô**té**ke']

poissonnerie	*das Fischgeschäft*	[**fich**-gue'-chèft]
produits de beauté	*die Schönheits-produkte*	[**cheun'**-haïts-prôdukte']
quincaillerie	*die Eisenwaren-handlung*	[**aïzen'**-vâren'-hantloung]
supermarché	*der Supermarkt*	[**zoû**per'-markt']

Pouvez-vous me faire un meilleur prix?
Können Sie mir einen besseren Preis anbieten?
[**kœn**nen' zî mîr aïnen' **bès**seren' praïs' an'-**bî**ten']

Est-ce que vous acceptez les cartes de crédit?
Akzeptieren Sie Kreditkarten?
[aksèp**tî**ren' zî kré**dit**-karten']

Vêtements – *Kleidung*

vêtements d'enfant	*die Kinder-kleidung*	[**kin**der'-klaïdoung]
vêtements de femme	*Damen-kleidung*	[**dâ**men-klaïdoung]
vêtements d'homme	*Herren-kleidung*	[**hèr**ren'-klaïdoung]
vêtements sport	*Sportkleidung*	[**chport**-klaïdoung]
anorak	*der Anorak*	[an**ô**rak]
caleçon boxeur	*boxer shorts*	[**bok**ser-chorts]
casquette	*die Kappe*	[**kap**pe']
ceinture	*der Gürtel*	[**gur**tel']
chapeau	*der Hut*	[**hoût**]
chandail	*der Pullover*	[**poul**lôver']

chaussettes	die Socken (m)	[**zok**ken']
chaussures	die Schuhe (m.)	[**choû**he']
chemise	das Hemd	[**hèmt**]
complet	der Anzug	[**ant**soûk]
cravate	die Krawatte	[kra**vatte'**]
culotte	die Unterhose	[**oun**ter'-hôze']
jean	die Jeans	[jeans']
jupe	der Rock	[rokk]
maillot de bain	der Badeanzug	[**bâ**de'-antsoûk]
manteau	der Mantel	[**man**tel']
pantalon	die Hose	[**hô**ze']
peignoir	der Bademantel	[**bâ**de'-mantel']
pull	der Pullover	[poul**lô**ver']
robe	das Kleid	[klaït']
short	die kurze Hose	[**kur**tse' hôze']
sous-vêtement	die Unterwäsche	[**oun**ter-vèche']
soutien-gorge	der BH	[bé-**hâ**]
tailleur	das Kostüm	[kos**tûm**']
t-shirt	das T-Shirt	[**tî**-chœrt	
veste	die Jacke	[**yak**ke']
veston	der Blazer	[**blèy**zer']]

Est-ce que je peux l'essayer?
Kann ich das anprobieren?
[kann i<u>h</u> das' **an**'-prôbîren']

Est-ce que je peux essayer une taille plus grande?
Kann ich eine Nummer größer anprobieren?
[kann i<u>h</u> aïne' **noum**mer' **greu**sser' **an**'-prôbîren']

Est-ce que je peux essayer une taille plus petite?
Kann ich eine Nummer kleiner anprobieren?
[kann i<u>h</u> aïne' **noum**mer' **klaï**ner' **an**'-prôbîren']

Est-ce que vous faites les rebords? la retouche?
Können Sie es umsäumen? Machen Sie Änderungen?
[**kœn**nen' zî ès' **oum**-zoïmen'? **ma**rhen zî **èn**dèroungen']

Est-ce qu'il faut payer pour la retouche?
Sind die Änderungen im Preis inbegriffen?
[zint dî **èn**dèroungen' im praïs' **in**'-begriffen']

Quand est-ce que ce sera prêt?
Wann wird es bereit sein?
[van' virt ès' be**raït** zaïn']

En avez-vous des plus ...?
Haben sie ...?
[**hâ**ben' zï..]

grands	*größere*	[**greu**-ssere']
petits	*kleinere*	[**klaï**-nere']
larges	*breitere*	[**braï**-tere']
légers	*leichtere*	[**laï<u>h</u>**-tere']
foncés	*dunklere*	[**dounk**-lere']
clairs	*hellere*	[**hèl**lere']
économiques	*günstigere*	[**guns**ti-guere']

amples	weitere	[vaï-tere']
serrés	engere	[ènguere']
simples	einfachere	[ein-farhere']
souples	weichere	[vaï-here']

Tissus – *Stoffe*

acrylique	das Acryl	[akrul']
coton	die Baumwolle	[baoum-volle']
laine	die Wolle	[volle']
lin	das Leinen	[laïnen']
polyester	das Polyester	[polîyèster']
rayonne	die Kunstseide	[kounst-zaïde']
soie	die Seide	[zaïde']

De quel tissu est-ce fait?
Was ist das für ein Material?
[vas ist das fur aïn' matérîyâl']

Est-ce que c'est 100% coton?
Ist das 100% Baumwolle?
[ist das **houn**dert' prô-**tsènt' baoum**-volle']

VIE PROFESSIONNELLE –
BERUFSLEBEN

| Je vous présente... | *Darf ich Ihnen ... vorstellen.* | [darf i̲h̲ înen' ... **fôr**-chtèllen'] |
| Enchanté/e. | *Freut mich.* | [froït' mi̲h̲] |

J'aimerais avoir un rendez-vous avec le directeur.
Ich hätte gern ein Treffen mit dem Herrn Direktor.
[i̲h̲ **hè**tte' gèrn aïn' **tref**fen mit dém hèrrn' dî**rèk**tor]

Puis-je avoir le nom du directeur?
Können Sie mir bitte den Namen des Direktors geben?
[**kœn**nen zî mir **bit**te' dén **nâ**men' dès' di**rèk**tors **gué**ben']

Puis-je avoir le nom de la personne responsable ...?
Darf ich bitte den Namen der Person haben, die für ... verantwortlich ist?
[darf i̲h̲ **bit**te' dén **nâ**men' dér pèr**zôn**' **hâ**ben, dî für' ... fèr-**ant**'-vort-li̲h̲ ist]

du marketing	*Marketing*	[**mar**keting']
des importations	*das Import-geschäft*	[import'-gue-**chèft**']
des exportations	*das Export-geschäft*	[èxport'-gue-**chèft**']
des ventes	*den Verkauf*	[fer-**kaouf**]
des achats	*den Einkauf*	[aïn'-**kaouf**]

| **du personnel** | *die Personalabteilung* | [pèrzônâl'-aptaïloung] |
| **de la comptabilité** | *die Buchhaltung* | [boûr̲h̲-haltoung] |

| **C'est urgent.** | *Es ist dringend.* | [ès' ist **dringuent'**] |

Je suis..., de la société...
Mein Name ist ..., von der Firma...
[maïn' **nâme'** ist..., fon' dér **fir**mâ...]

Elle n'est pas ici en ce moment.
Sie ist zur Zeit nicht hier.
[zî ist tsour tsaït' nih̲t hîr]

Elle vient de sortir.
Sie ist gerade weggegangen.
[zî ist guérâde' **vèk**-gue'-gangen']

Quand sera-t-elle de retour?
Wann kommt sie wieder?
[van' kommt zî **vî**der']

Est-ce qu'on peut me rappeler?
Kann ich zurück gerufen werden?
[kann ih̲ tsoû**rukk**-gue'-roûfen' **vèr**den']

Je suis de passage en Allemagne pour trois jours.
Ich bin für drei Tage in Deutschland auf Durchreise.
[ih̲ bin' fûr draï **tâ**gue' in' **doïtch**-lant' aouf **dour̲h̲**-raïze']

Je suis à l'hôtel... Vous pouvez me joindre au..., chambre...
Ich wohne im Hotel... Sie können mich unter der Nummer... erreichen, Zimmer...
[ih **vô**ne' im hô**tèl**... zî **kœ**nnen' mi<u>h</u> ounter' dér **noum**mer'.. èr-**raï**<u>h</u>en', tsim**mer**...]

J'aimerais vous rencontrer brièvement pour vous présenter notre produit.
Ich möchte Sie gerne kurz treffen, um ihnen unser Produkt vorzustellen.
[i<u>h</u> **mœh**te' zî **guèr**ne' kourts **trèf**fen', oum **î**nen **oun**zer' prô**doukt'** for-tsoû-**chtèl**len']

J'aimerais vous rencontrer brièvement pour discuter d'un projet.
Ich möchte Sie gerne kurz treffen, um mit ihnen ein Projekt zu besprechen.
[i<u>h</u> **mœh**te' zî **guèr**ne' kourts **trèf**fen', oum mit **î**nen aïn' prô**yèkt'** tsoû be-**chprè**<u>h</u>en']

Nous cherchons un distributeur pour...
Wir suchen eine Handelsvertretung für...
[vîr **zoû**r<u>h</u>en' **aï**ne' **han**dels-fèr-**tré**toung fûr...]

Nous aimerions importer votre produit, le...
Wir würden gerne ihr Produkt importieren, ...
[vîr **vur**den' **guèr**ne' îr prô**doukt'** im'**por**tîren'...]

Les professions – *die Berufe*

administrateur/trice	*Verwalter/in*	[fèr-**val**ter'/in]
agent/e de voyages	*Reiseverkaufs-mann / -frau*	[raïze'-fèr-**kaoufs-**mann/ fraou]
agent de bord	*Steward/ess*	[stoû**ardèss**]
architecte	*Architekt/in*	[ar<u>h</u>i**tèkt**/in]
artiste	*Künstler/in*	[**kunst**ler/in]
athlète	*Sportler/in*	[**chport**ler/in]

avocat/e	*Rechtsanwalt/ -anwältin*	[**rèhts**-anvalt /anvèltin']
biologiste	*Biologe/in*	[biôlôgue']
chômeur/euse	*Arbeitsloser*	[**arba**ïts-lôzer']
coiffeur/euse	*Friseur / Friseuse*	[frizeur / frizeuze']
comptable	*Buchhalter/in*	[bo<u>û</u><u>rh</u>-halter']
cuisinier/ère	*Koch / Köchin*	[ko<u>rh</u> / kœ<u>hi</u>n']
dentiste	*Zahnarzt/ -ärztin*	[**tsân'**-artst / -èrtstin']
designer	*Designer/in*	[di**za**ïner'/in']
diététicien/ne	*Ernährungsberater/in*	[èrn**ê**roungs-berâter'/in']
directeur/trice	*Direktor/in*	[dî**rè**ktôr / dîrèktô**rin**']
écrivain/e	*Schriftsteller/in*	[**chrift**-chtèller/in']
éditeur/trice	*Verleger/in*	[fer-**lé**guer'/in']
étudiant/e	*Student/in*	[chto**û**dèn**t'**/in']
fonctionnaire	*Beamte/Beamtin*	[be-**am**ter'/ be-**am**tin']
graphiste	*Grafiker/in*	[**grâ**fiker'/in]
guide	*Fremden-*	[**frè**mden']
accompagnateur/trice	*führer/in*	[-**fû**rer'/in']
infirmier/ère	*der Krankenpfleger/ die Kranken- schwester*	[**kran**ken'-pfléguer' / **kran**ken'-ch**vè**ster']
informaticien/ne	*Informatiker/in*	[in'for**mâ**tiker'/in']
ingénieur/e	*Ingenieur/in*	[in'gén**yeur**/in']
journaliste	*Journalist/in*	[journa**list**/in']
libraire	*Bibliothekar/in*	[biblîôté**kâr**/in']
mécanicien/ne	*Mechaniker/in*	[mé**hâ**niker']
médecin	*Arzt/Ärztin*	[artst /**è**rtstin']
militaire	*Soldat/in*	[zol**dât'**/in']

musicien	*Musiker/in*	[**moû**zîker'/in']
ouvrier/ère	*Arbeiter/in*	[**ar**baïter/in']
photographe	*Fotograf/in*	[fôtô**grâf**/in']
pilote	*Pilot/in*	[pi**lôt**/in']
professeur/e	*Lehrer/in*	[**lé**rer/in']
psychologue	*Psychologe/in*	[psu<u>h</u>o**lôgue**/in']
secrétaire	*Sekretär/in*	[sékré**tèr**/in']
serveur/euse	*Kellner/in*	[**kèll**ner'/in']
technicien/ne	*Techniker/in*	[**tè**<u>h</u>niker'/in']
urbaniste	*Städteplaner/in*	[**chtètt**e'-plâner'/in]
vendeur/euse	*Verkäufer/in*	[fèr-**koï**fer'/in']

Le domaine de... – *im Bereich ...*

de l'édition	*Verlagswesen*	[fèr**lâgs**-vézen']
de la construction	*Bauwesen*	[**baou**-vézen']
du design	*Design*	[di**zaïn**']
de la restauration	*Restauration*	[rèstaourât**syôn**']
du voyage	*Tourismus*	[toû**ris**mous']
de la santé	*Gesundheitswesen*	[gue**zount**'-haïts-vézen']
du sport	*Sport*	[**chport**']
de l'éducation	*Erziehungswesen*	[èrt**sî**houngs-vézen']
manufacturier	*Fabrikwesen*	[fa**brik**-vézen']
public	*öffentlicher Dienst*	[**œf**fent-li<u>h</u>er' dînst]

des télé-communications	*Tele-kommunikation*	[télé-kommuníkatsyôn]
de l'électronique	*Elektronik*	[èlèktrônik]
du spectacle	*Schauspielwesen*	[chaou-chpîl-vézen']
des médias	*Medien*	[médîyen']
de la musique	*Musik*	[moûzík]

Études – *Studium*

administration	*Wirtschaft*	[virt'-chaft]
architecture	*Architektur*	[arhîtèktoûr]
art	*Kunst*	[kounst]
biologie	*Biologie*	[bîôlôguî]
comptabilité	*Buchhaltung*	[boûrh-haltoung]
diététique	*Ernährungs-wissenschaft*	[èrnêroungs-vissen'-chaft]
droit	*Jura*	[yoûrâ]
environnement	*Umwelt*	[oum-vèlt]
géographie	*Erdkunde*	[èrt-kounde']
graphisme	*Grafik*	[grâfik]
histoire	*Geschichte*	[guechihte']
informatique	*Informatik*	[infôrmâtik]
ingénierie	*Maschinenbau Elektrotechnik*	[machînen'-baou élèktrô-tèhnik]
journalisme	*Journalismus*	[journalismous']
langues	*Sprachen*	[chprârhen']
littérature	*Literatur*	[litératoûr]
médecine	*Medizin*	[méditsín']

Rapports humains

nursing	*Krankenpflege*	[**kran**ken'-pflégue']
psychologie	*Psychologie*	[psu<u>h</u>ô-lôgu**î**]
sciences politiques	*Politik-wissenschaft*	[pôl**î**tik-vissen'-chaft]
tourisme	*Tourismus*	[tou**ris**mous']

| **Es-tu étudiant/e?** | *Bist du Student/in?* | [bist doû chtou**dènt**/in] |
| **Qu'étudies-tu?** | *Was studierst du?* | [vas' chtou**dîrst** doû] |

FAMILLE – *FAMILIE*

frère	*der Bruder*	[**broû**der']
sœur	*die Schwester*	[**chvès**ter']
mes frères et sœurs	*meine Geschwister*	[**maï**ne' gue'-**chvis**ter']
mère	*die Mutter*	[**mout**ter']
père	*der Vater*	[**fâ**ter']
fils	*der Sohn*	[zôn']
fille	*die Tochter*	[**tor**<u>h</u>ter']
grand-mère	*die Großmutter*	[**grôs'**-moutter']
grand-père	*der Großvater*	[**grôs'**-fâter']
neveu	*der Neffe*	[**nèf**fe']
nièce	*die Nichte*	[**ni<u>h</u>**te']
cousin	*der Vetter*	[**fèt**ter']
cousine	*die Kusine*	[kou**zî**ne']
beau-frère	*der Schwager*	[**chvâ**guer']
belle-sœur	*die Schägerin*	[**chvê**guerin]

J'ai faim.	*Ich bin hungrig.*	[ih̲ bin' **houn**grik]
Nous avons faim.	*Du bist hungrig.*	[doû bist' **houn**grik]
Il a faim.	*Er ist hungrig.*	[èr' ist **houn**grik]
Elle a faim.	*Sie ist hungrig.*	[zî ist **houn**grik]
J'ai soif.	*Ich bin durstig.*	[ih̲ bin' **dour**stik']
Je suis fatigué/e.	*Ich bin müde.*	[ih̲ bin' **mû**de']
J'ai froid.	*Mir ist kalt.*	[mîr ist kalt]
J'ai chaud.	*Mir ist heiß.*	[mîr ist haïss]
Je suis malade.	*Ich bin krank.*	[ih̲ bin' krank']
Je suis content.	*Ich bin erfreut.*	[ih̲ bin' èr-**froït**']
Je suis heureux/ euse.	*Ich bin glücklich.*	[ih̲ bin' **glukk**lih̲]
Je suis satisfait/e.	*Ich bin zufrieden.*	[ih̲ bin' tsou-**frî**den']
Je suis désolé/e.	*Das tut mir leid.*	[das toût mîr laït']
Je suis déçu/e.	*Ich bin enttäuscht.*	[ih̲ bin' ènt-**toïcht**']
Je m'ennuie.	*Ich langweile mich.*	[ih̲ **lang**'-vaïle' mih̲]
J'en ai assez.	*Das reicht mir.*	[das raïh̲t mîr]
Je suis impatient/e de...	*Ich freue mich schon auf ...*	[ih̲ **froïye**' mih̲ chôn' aouf...]
Je m'impatiente.	*Ich verliere die Geduld*	[ih̲ fèr-**lîre**' dî guedoult']
Je suis curieux/ euse de...	*Ich bin gespannt auf...*	[ih̲ bin' gue'-**chpant**' aouf]
Je suis égaré/e.	*Ich bin verloren.*	[ih̲ bin' fèr-**lô**ren']

MOTS ALLEMANDS

MOTS FRANÇAIS

NOTES

NOTES